Marlene Faro

Die Kellnerin, der Heilige und die Bienenkönigin

Kärntner Melancholien

Marlene Faro

Die Kellnerin, der Heilige und die Bienenkönigin

Kärntner Melancholien

Picus Lesereisen

Picus Verlag Wien

Grafische Gestaltung: Dorothea Löcker, Wien
Umschlagabbildung: © Österreich Werbung / Wiesenhofer
Druck und Verarbeitung: Remaprint, Wien
ISBN: 978-3-85452-952-1

Informationen über das aktuelle Programm
des Picus Verlags und Veranstaltungen unter
www.picus.at

Inhalt

Kärnten – Eine Reise

»Sie schreiben einen Reisebericht über Kärnten? Das klingt ja hochinteressant!«, sagt mein freundlicher, gebildeter Literaturagent. »Aber wo liegt das bitte ganz genau?«

Ich beende das Gespräch, brühe mir ein Tässchen Nerventee auf und zerreiße sechzigtausend Anschläge zu kleinen Schnipseln. »Polenta essen« und »Windisch reden«, wie soll das ein Berliner verstehen? Dann beginne ich nochmals von vorn. Kärnten ist das südlichste Bundesland Österreichs, bewohnt von ungefähr einer halben Million Menschen. Seine Hauptstadt ist Klagenfurt, es grenzt an Italien und Slowenien. Das sind die nüchternen Fakten. Aber Kärnten ist auch ein hochkompliziertes Gebilde, das in der übrigen Republik keinen kaltlässt. Die »Ewiggestrigen« hausen dort, ständig gibt es Streit um zweisprachige Ortstafeln, am Wörthersee macht sich die Bussi-Bussi-Gesellschaft wichtig und verpestet alljährlich im Sommer mit GTI-Treffen die Umwelt. Der Kabarettist Robert Palfrader, der als »Kaiser Robert Heinrich I.« österreichweit zur Kultfigur geworden ist, hat die Gefühle vieler Landsleute auf den Punkt gebracht: »Die Habsburger haben diesem Land ja Unfassbares angetan. Aber der größte Fehler war, Ungarn zu verlieren und Kärnten zu behalten.« Damit erntet er Lachstürme und Zustimmung vom Arlberg bis zum Neusiedler See, und die empfindsame Kärntner Seele muss einen weiteren Kratzer hinnehmen.

Neugierig und skeptisch zugleich habe auch ich meine Reisen begonnen, im Frühjahr 2008. Dummerweise habe ich gleich zu Beginn meine Uhr verloren, aber dieses Missgeschick hat dem Buch nur gutgetan. »Könnten Sie mir bitte sagen, wie spät es ist?« – »Halbaviere.« – »Danke.« – »San Sie zum Wandern da?« – »Nein, ich schreibe ein Buch über Kärnten.« – »Maria und Josef!« Nach dem ersten Schreck haben sich fast alle gefreut, waren ein bisschen geschmeichelt vom Interesse, und dann haben mir Männer und Frauen aus ihrem Leben erzählt, lustige und traurige und unfassbare Geschichten. Schon bald hat sich eine »Schlagseite« abgezeichnet: Dieses Buch ist kunst- und vergangenheitslastig geworden, es ist mir beim besten Willen nicht anders möglich erschienen, über dieses Land zu schreiben. Wenn man an einem Kärntner kratzt, dann kommt verblüffend oft ein Künstler zum Vorschein, im allerhintersten Dorf, unter Joppen und Jankern, es wird gemalt und gesungen und gedichtet, als ob es ums Überleben ginge. Und oft genug scheint die Zuwendung zur Kunst auch wirklich geholfen zu haben, wenn die Vergangenheit wieder einmal als Schwermut hochgestiegen ist. Denn das viel beschworene Kärntner Lustigsein liegt nur wie dünner Schorf über alten Wunden, der bei jedem Gespräch aufs Neue aufbricht. Manche Erzählungen sind mir wie ein Schlund vorgekommen, der sich auftut; der Krieg, die Nazis und die Partisanen, in den Parlamenten weit weg reden sie von Versöhnung, aber hier im Ort musst du leben mit dem Nachbarn, der den Großvater denunziert hat. Kärnten verkauft sich als sonniges Urlaubsparadies, aber mehr als einmal habe ich an das zerrissene Exjugoslawien denken müssen, während ich auf einer Serviette mitgekritzelt habe, was am Nebentisch im Wirtshaus geredet worden ist. Je mehr Geschichten ich gehört habe, umso weniger fassbar ist mir die Wahrheit erschienen. Man kann ihnen nur die Ehre antun, sie zu erzählen.

Aus Rücksicht auf meine Mitmenschen lenke ich besser kein Auto, durch Kärnten bin ich also mit Regionalzügen gereist. Wie die verlorene Uhr hat auch diese Umständlichkeit dem Buch gutgetan, so manchen unschätzbaren Hinweis habe ich beim einträchtigen Warten auf zugigen Bahnsteigen bekommen. In Dutzende Bahnhofsrestaurants bin ich eingekehrt, von draußen sehen sie alle gleich schäbig aus, mit vergilbten Gardinen und dem obligaten Hinweisschild auf Schinkenkäsetoast. Drinnen rauchen und trinken die Stammgäste vor sich hin, und immer ist eine Serviererin hinterm Tresen gestanden, mit Händen rot vom Spülwasser und einer viel zu hohen piepsigen Mädchenstimme, wie um die Männer zu besänftigen. Doch den Cappuccino habe ich stets mit einem Glas Wasser und einem Amarettoplätzchen serviert bekommen, adretten Hausfrauen gleich bewegen sich die Frauen mit den roten Spülwasserhänden zwischen den Rauchschwaden und dem Gröhlen, das und ihr Lächeln dazu habe ich nicht vergessen.

Und mit dem Postautobus bin ich durch Kärnten gereist, durchs Lesachtal, durchs Metnitztal, durchs Katschtal, durchs Jauntal, durchs Lavanttal. Meist sind die Busse gänzlich leer gewesen, erst im Herbst steigen wieder Kindertrauben an jeder Haltestelle zu, um zur Schule zu fahren. So bin ich fast immer in der ersten Reihe gesessen, mit einem prachtvollen Panoramablick auf die Landschaft rundum, die Chauffeure haben jedes entgegenkommende Auto freundschaftlich angeblinkt und mit dem neugierigen Gast aus Wien geplaudert. Nein, die Autobahnbrücke sei keine Schande für das Tal. Denn früher, da ist der Verkehr noch durch die kleinen Ortschaften gerollt, alte Leute haben oft eine halbe Stunde gebraucht, um die Straße zu überqueren und zum Supermarkt zu gelangen. Und die vielen Verkehrsunfälle, von denen man immer liest in der Zeitung, von den betrunkenen Jugendlichen, die von der Disco heimfahren in ein klappriges Auto gequetscht, das muss man sich erst einmal vorstellen! Um fünf am Nachmittag fährt der letzte Bus runter in die Stadt, nach Villach oder nach Klagenfurt, wie soll man da als Lehrling mit dreihundert Euro im Monat wieder nach Hause kommen? Mit dem Taxi vielleicht? So haben der »Herr Jimmy« und all die anderen manches Vorurteil in meinem Kopf zurechtgerückt, mit einem Satz oder einer Geste. Wenn uns der Gesprächsstoff ausgegangen ist, dann haben sie das Radio aufgedreht. Buschauffeure lieben Sender mit Hansi Hinterseer, das ist kein Vorurteil, sondern beinhart recherchiert. Man gondelt durch Kärnten, ein bisschen schläfrig, draußen färben sich die Berge rosarot, drinnen im Bus singt der Rainhard Fendrich von der ersten Liebe, »manchmal denk i no an di …«, die klobige Hand vom Chauffeur klopft verstohlen zur Melodie, der einzige Gast im Bus hängt Erinnerungen nach. Dann räuspern wir uns beide. »Wohin müssen S' denn genau?«, werde ich befragt. »Zum Gasthof Haselsteiner!« Und der Chauffeur blinkt und biegt von der Bundesstraße scharf nach rechts ab und bringt mich bis vors Portal vom »Haselsteiner«, als ob der riesige Bus ein Taxi wäre. Solche Freundlichkeit ist mir oft passiert, so unerwartet, dass kaum Zeit geblieben ist für ein Dankeschön. Danken möchte ich auch meiner Freundin Inge Kropf aus Wolfsberg. Sie hat gedolmetscht, wenn ich ratlos über Kärntner Urlauten gegrübelt habe – *Tschurtscheln, Strankerln, Reinkerln* –, hat Kontakte geknüpft und mir Bleiburg, die Stadt ihrer Kindheit, gezeigt. Manches ist mir klar geworden über die Wurzeln von jenem Verhalten, das in Wien und im Rest der Welt immer wieder Verblüffung bis Schockiertheit auslöst. Manches werde ich nie verstehen. Die Reisen durch Kärnten waren berührend und komisch, spannend und lehrreich. Über Peter Handke bin ich immer wieder gestolpert, wenn vom Schwammerlsuchen die Rede war, und umgekehrt. Durch meine Recherchen habe ich den Schriftsteller Julien Green schätzen gelernt und mich nach einem Besuch in seinem Komponierhäuschen am Wörthersee mit CDs von Gustav Mahler eingedeckt. Seit meinem Aufenthalt im Kloster Maria Luggau sind mir Speckbrote das liebste Frühstück.

Kärnten weckt Emotionen. Und Kärnten weckt Erinnerungen. An eine Reise mit den Eltern vor vielen Jahren, zum ersten Mal sind mir Zöllner begegnet und haben die Pässe kontrolliert im Zug nach Tarvis, zum ersten Mal ist mir eine Grenze widerfahren. Die Zeit des Geschichtsstudiums ist mir wieder eingefallen, die Bücher und die vielen Diskussionen von damals. »… so entsteht in der Welt etwas, das allen in die Kindheit scheint und worin noch niemand war: Heimat.« Das hat er schön gesagt, der Ernst Bloch.

Lesachtal – Mittendrin am Ende der Welt

Von Pilgern und Patres, Marge Simpson und Harley-Fahrern

Finis terrae, Ende der Welt. Um dorthin zu gelangen, bin ich vor Jahren weit gereist. Quer durch Europa, dann an seinem südwestlichsten Saum entlang bis nach Cabo de São Vicente, wo der Atlantik beginnt und am Horizont abbricht wie eine dunstige Kante. Von wo aus dereinst die allerverwegensten Portugiesen aufbrachen, um hinauszufahren aufs Meer, auch wenn sie glaubten, dass die Welt eine Scheibe sei und sie an ihrem Rand abstürzen würden in ein namenloses Nichts. Das Ende der Welt lässt sich aber auch in gegensätzlicher Weise aufsuchen, sozusagen im Innersten des Kontinents, wo Bergkämme wie spitze Wellen ein Tal begrenzen. Die Expedition beginnt am Wiener Südbahnhof und führt über den Semmering, Klagenfurt, vorbei am Wörthersee bis nach Villach. Dort umsteigen in den Regionalzug nach Kötschach-Mauthen, wo vor dem Bahnhofshäuschen die Gleise abrupt enden. Dann beim Chauffeur des Postautobusses, der schon gegenüber wartet, eine Fahrkarte lösen hinauf ins Lesachtal. Das Gepäck verstauen und sich festhalten, die Lesachtaler Chauffeure kommen alle in den Himmel, weil in ihren Bussen immer so viel gebetet wird, heißt es nicht zu unrecht. Wie ein Korkenzieher schraubt sich die Straße in die Felsen hinein, in Haarnadelkurven vorbei an Schluchten, die in einer uneinsehbaren Tiefe enden. Souverän überholt der Chauffeur ein Urlauberauto mit holländischem Kennzeichen, der Fahrer sitzt ziemlich blass hinterm Lenkrad. In Birnbaum steigt eine alte Bäuerin zu und hält dem Chauffeur vertrauensvoll ihr Geldbörsel hin, der kramt und lacht: »Du host jo noch lauter Schilling!« Sie bekommt trotzdem ihr Ticket und die Fahrt geht weiter. Liesing, Sankt Lorenzen, Tuffbad, Sterzen, und dann taucht endlich Maria Luggau auf, das Ziel meiner Reise. Zwar würde sich die Straße noch weiterschlängeln, über Obertilliach und Kartitsch bis hinaus nach Lienz oder gar ins Italienische hinüber nach Innichen, aber hinter Maria Luggau erhebt sich wie eine Wand aus Glas die Grenze zu Osttirol und das bedeutet »draußen«. Draußen, wo die Leute ganz anders sprechen und andere Trachten tragen und andere Speisen essen.

Im Herbst 2007, als der Papst in Österreich zu Besuch war, ist Maria Luggau kurzfristig in die internationalen Schlagzeilen geraten. Plötzlich hat sich nämlich wie eine Feuersbrunst das Gerücht im Ort verbreitet, der Heilige Vater wolle dem uralten Wallfahrtsort einen spontanen Besuch abstatten und würde innerhalb der nächsten Stunden vom Himmel herabschweben, mit einem Hubschrauber. Ganz Maria Luggau hat sich in Windeseile herausgeputzt, die Trachtenkapelle hat Aufstellung genommen, hohe Herren sind mit ihren Dienstlimousinen herangeprescht. Dann hat das große Warten begonnen, eifrig dokumentiert von den umherschwirrenden Fotografen und Reportern und Fernsehteams, so willkommen wie Fliegen über einem Speckbrot. Aber nichts ist passiert, es hat sich ganz eindeutig um ein Gerücht gehandelt, das ein Spaßvogel in die Welt gesetzt hatte, der Schlingel ist bis heute unauffindbar. Seither kämpfen die Maria Luggauer mit einem Image, das an die Schildbürger erinnert, nur langsam wächst Gras über die Sache und im Ort mag niemand auf diesen Tag angesprochen werden. Aber mir ist dieses Warten auf den Papst immer wie ein Beweis von großem Selbstbewusstsein erschienen. Ein kleiner Ort im allerhintersten Österreich hält sich für bedeutsam genug, um vom Papst höchstpersönlich besucht zu werden, das sollen sie den Maria Luggauern erst einmal nachmachen, die Leut' da draußen.

Herz des gesamten Tales ist die Basilika, die mit dem angeschlossenen Servitenkloster wie ein mächtiger Vierkanthof plus Glockenturm auf einem Bergrücken thront. Die Servitenpatres bieten Wallfahrern, aber auch ganz gewöhnlich weltlich Reisenden Übernachtungsmöglichkeiten an und so kommt es, dass ich zum ersten Mal in meinem Leben in einem Kloster einchecke, sozusagen. Mein »Komfortzimmer« mit Bad ist karg und freundlich zugleich, kein Fernseher, kein Radio, aber ein Spiegel über dem Waschbecken, immerhin. Neun Stunden hat die Fahrt von Wien nach Maria Luggau gedauert, nun bin ich rechtschaffen müde. Ein kurzer Spaziergang noch in der Abendsonne, es riecht nach trockenem Heu, das Holz vor den Stadeln ist so kunstvoll geschlichtet wie für eine Installation auf der Biennale, die steilen Matten sind von einem Grün, wie es Schulkinder mit Jolly-Buntstiften gerne aufs Papier kritzeln. So stehe ich da und genieße das friedvolle Bild und höre den Bach rauschen. Und dann fällt mir, mitten in die Idylle hinein, der Engelbert Obernosterer ein. Der ist in Sankt Lorenzen geboren und aufgewachsen, hat das Knabenseminar Tanzenberg bei Klagenfurt besucht, doch dann ist er nicht Pfarrer geworden, wie von der Mutter erhofft, sondern Lehrer und Schriftsteller. Aber einer, der nicht mit Deftigkeiten die Heimat verkauft, sondern Sätze schreibt, die sich wie ein Brennglas auf Alltagssituationen richten: »Die *Sommerfrischler* aber, wie wir sie nannten, tappten mit ihren Wanderschuhen hinweg aufwärts, der Kapelle zu. Sie sahen nur, wie friedlich das Tal lag. Das Wort *schön,* das sie des Öfteren vor Dinge hinsetzten, die mir nichtssagend erschienen, habe ich als Kind nie verstanden. Wenn ich über einen als *schön* bezeichneten Feldweg zur Arbeit ging, spürten meine Fußsohlen nur seine teils erdig trockenen, teils grasig weichen, dann wieder mit Steinspitzen zustechenden Bodenbeschaffenheiten ... Landschaften sind immer schön, zumal wenn sie einem zu Füßen liegen.« Ertappt, du Romantikerin! Das Buch »Mythos Lesachtal« wird mich in den kommenden Tagen begleiten und so manchen Eindruck geraderücken, der daherkommt wie ein kitschiges Postkartenmotiv.

Am nächsten Morgen gibt es Frühstück im Refektorium, dem Speisesaal des Klosters, einem altehrwürdigen Saal mit frommen Ölgemälden an der Wand und einem einladenden Büffet in der Mitte. Insgeheim habe ich mich ja auf Tee und ein Stück Brot eingestellt, aber von den freundlichen Frauen aus der Küche werden Schinkenspeck und Käse aufgetragen, Müsli und Orangensaft und Nutella, eine Pilgergruppe steht davor mit andächtigen Augen.

Am Tisch gegenüber sitzen die Patres, fünf ältere Herren in Zivil, die genauso gut Großbauern aus der Umgebung oder höhere Beamte auf Urlaub sein könnten. Pater Bernhard belegt gerade ein Brötchen und erzählt von seiner Operation vor einem Jahr, die Mitbrüder rühren in ihren Tassen um und sehen drein, als ob sie die Geschichte von der Operation schon ein paarmal gehört hätten. Am Nebentisch wagt ein Pilger leise Kritik: »Die Glocken haben die ganze Nacht geläutet! Ich habe kein Auge zugemacht!« Prior Andreas rückt diesen Eindruck zurecht: »Das war nur das Uhrwerk! Richtig geläutet wird erst ab sechs Uhr früh!« Dann zerstreuen sich alle und gehen ihren Pflichten nach, Messen lesen und Beichte ablegen und Beichte anhören, administrieren und kochen und putzen, weiterwandern.

Frau Maria, die die weltlichen Belange des Klosters managt wie eine tüchtige Hotelchefin und trotz der vielen Arbeit so erstaunlich jugendlich wirkt wie so viele Einheimische, bleibt noch ein bisschen bei mir sitzen. Als Mädchen ist sie weggegangen, um der Enge zu entkommen, dem Abgeschnittensein. An eine Szene aus ihrer Kindheit kann sie sich noch gut erinnern: »Damals ist noch mein altes Elternhaus gestanden, das war einfach schrecklich, so feucht und kalt. Und davor hat einmal ein dickes Auto aus Wien angehalten und ein Herr ist ausgestiegen und hat alles fotografiert. Der war ganz begeistert und hat gesagt, dass er noch nie so ein schönes altes Bauernhaus gesehen hat. Aber ich hätt' ihm was erzählen können, wie das Leben bei uns wirklich war! Im Winter war es so kalt, dass die Bettdecken in der Früh voller Raureif gewesen sind von unserem Atem!« Trotzdem ist sie Jahre später zurückgekommen und hat als Köchin im Kloster zu arbeiten begonnen. »Höchstens einen einzigen Winter lang wollte ich bleiben und jetzt sind es zweiundzwanzig Jahre geworden!« Ihr Sohn, den sie alleine großgezogen hat, ist nie ein Problem gewesen, das rechnet sie den Patres hoch an.

Die Macht der Kirche hat Sprünge bekommen, auch im gottesfürchtigen Lesachtal. Noch vor einer Generation wurde hier, wie in vielen anderen Alpengemeinden, das »Aufsegnen« gepflogen. Wöchnerinnen, die durch den Akt der Geburt »unrein« geworden waren, mussten vor der Messe an der Schwelle zum Kirchenportal knien und wurden vom Pfarrer mit Weihwasser und Gebeten wieder in die Gemeinde aufgenommen. »Es war offensichtlich, dass die Frau allerlei Unkeuschheiten getrieben hatte«, beschreibt Engelbert Obernosterer, was ihm als Bub bei solchen Zeremonien durch den Kopf gegangen ist. Die Männer blieben von der Buße verschont, auch wenn sich in alten Dokumenten nachlesen lässt, wer der Herr war im Bett und wer sein Leben riskierte. Bartlmä Guggenberger, geboren 1788 in Luggau, ehelichte 1819 die Anna, die ein Jahr darauf im Kindbett starb. Drei Monate später heiratete er die Agnes, die erst einmal vier Töchter zur Welt brachte, bis endlich der Sohn geboren wurde. Es folgten weitere Kinder, dann starb auch die Agnes. Bartlmä freite nun eine gewisse Juliana, die ein Jahr später ihr erstes Kind nur um einen Tag überlebte. Zehn Monate später heiratete Bartlmä Guggenberger die Franziska und zeugte seinen letzten Sohn. In den Gängen des Klosters hängen alte Votivbilder, die den bitteren

Alltag zum Wunder erhöhen: »Blasius Schmid von Innichen hat im Jahre 1518 sein todtgeborenes Kind in die Luggau gebracht, und mit festem Vertrauen auf den Altar gelegt, und nachdem der Vater und das ganze Volk mit lauter Stimme zur Mutter der Gnaden um Hilfe gerufen, bekam das todte Kind nicht nur die schönste Farbe, sondern nahm sogar die Nahrung zu sich, und wurde in Gegenwart der Wallfahrer unter Läutung der Glocken getaufet.« Schaudernd stehe ich davor und schüttle den Kopf über so viel Aberglauben, aber eine Luggauerin, die gerade vom Gießen am Friedhof kommt, klärt mich auf: »Damals durften tote Neugeborene ja nicht in geweihter Erde begraben werden. Dann hat man sie halt auf den Altar gelegt und wenn der Herr Pfarrer Mitleid gehabt hat, dann hat er gesagt, da schaut's her, das Kindlein atmet ja noch. Und dann konnte es getauft und anschließend in geweihter Erde begraben werden. Das war schon brutal damals.«

Nach solchen Einsichten ist mir nach Luft und Sonnenschein zumute und ich breche zu einem ersten Spaziergang auf. Touristen drängen sich um die Devotionalienstände vor der Basilika, um Madonnenfiguren und Kerzen und Tassen »Made in Bohemia« zu erstehen, dazu geschnitzte Holztaferln mit bescheidenen Hausfrauenwünschen: »Pinkel nicht daneben, du altes Schwein! Der Nächste könnte barfuß sein!« Im »Bauernladen« gibt es Marmelade und Socken, die von den Frauen aus der Umgebung in langen Wintern gestrickt werden. Die freundliche Verkäuferin steht von Mai bis Oktober im Geschäft und ist voller Dankbarkeit: »Hier einen Job zu haben, das ist wie ein Sechser im Lotto!« Der Besitzer vom »Spar«-Markt schräg gegenüber trägt mir auf, unbedingt vom Lesachtaler Brot zu berichten: »Zu uns kommt seit vielen Jahren eine Touristin aus Japan, die Frau Funada. Und weil der unser Brot immer so gut geschmeckt hat, ist jetzt sogar ein original Lesachtaler Backofen drüben in Japan aufgebaut worden. Der Bürgermeister ist extra hingeflogen!«

Anerkennung sind die Einheimischen gewöhnt, ganz besonders, seitdem ihr Tal im Jahr 1995 zur europäischen »Landschaft des Jahres« gekürt wurde. Seither nehmen sie es gelassen zur Kenntnis, wenn ihre Hochzeiten und Umzüge fotografiert werden und die Bilder dann unverhofft in internationalen Magazinen auftauchen. Aber der Fortschritt ist auch ein Rattenfänger, der die Jungen aus dem Tal fortlockt. Bauern, die aussehen wie von Albin Egger-Lienz gemalt, erzählen mir stolz und traurig zugleich von den Kindern, die »auf Wien« gegangen sind, um dort Jus oder Medizin zu studieren und Karriere zu machen. »Die Intelligenz geht weg, ganz brutal ausgedrückt«, sagt ein junger Unternehmer (»brutal« scheint ein Lieblingswort der Lesachtaler zu sein, ich bekomme es immer wieder zu hören). »Hier muss etwas passieren, damit wieder Arbeit ins Tal kommt. Nur Fähnchen mit ›Zimmer frei‹ raushängen, das reicht nicht. Sonst ist das alles hier in ein paar Jahrzehnten nur mehr eine Hochalm, dann wächst das alles wieder zu.« Fürs Mähen gibt es bereits Subventionen von der EU, aus uralter Tradition wird Folklore. Familien geben auf, die sich jahrhundertelang mit Steigeisen und Sensen auf den steilen Hängen abgerackert haben, auf steinigen Böden, die oft nur von einem halben Meter Erde bedeckt sind.

In so manchen Ecken ist das wunderschöne Lesachtal bereits in Gefahr, zu einer potemkinschen Landschaft zu verkommen. Von fern grüßen die Gehöfte mit blumengeschmückten Holzbalkonen, aber aus der Nähe betrachtet stehen immer mehr alte Häuser leer. Immer öfter leben Jungbauern, die auch schon auf die vierzig zugehen, nur mehr mit einer alten *Muatta* zusammen, die Einsamkeit auf solchen Höfen mag ich mir gar nicht vorstellen. »Wenn keine Frau da ist, dann stirbt der Hof«, sagt der Gabriel bedächtig. Er selbst hat jung gefreit, die erste Frage seiner Mutter in Gegenwart der jungen Braut war: »Hat sie auch a Nähmaschin?« So war das damals, die Not hat die Leute zusammengeführt, dann hat man sich halt zusammengerauft über die Jahre hinweg, Scheidung war ein Wort, bei dem sich alle bekreuzigt haben. Jetzt wollen sie nur noch »aus Liebe« heiraten, die Jungen, neumodische Sitten halten Einzug im Tal. Zwei, drei Höfe wurden sogar schon an Töchter übergeben, die sich überraschend wacker schlagen. Frauen pendeln zum Arbeiten in die Kreishauptstadt Hermagor oder nach Lienz, während der Mann den Hof betreut. Aber verkauft wird nichts, auch wenn die Kinder nur mehr in den Ferien kommen. Entrüstet erzählt mir ein Lesachtaler von einem Deutschen, der ihm doch allen Ernstes ein Stück Land abkaufen wollte: »Zwanzig Euro krieg ich jeden Monat Jagdpacht für die Wiesen. Wenn man das zusammenrechnet über hundert Jahr, dann kommt schon ordentlich was zusammen. Und da soll ich verkaufen?« Das meint er ganz im Ernst, die Bauern hier denken noch in Zusammenhängen, die man in der Stadt nur mehr aus Geschichtsbüchern kennt. Im Lesachtal gibt es keine Schlösser, die alteingesessenen Familien sind sich Adel genug.

»Seit wie viel Generationen sind wir jetzt auf dem Hof?«, grübelt der junge Albert Tiefenbacher, der mir beim »Paternwirt« gegenübersitzt. »Also, mein Sohn ist jedenfalls der zehnte Thomas.« Sein Großvater Thomas Tiefenbacher, gestorben 1972, gilt heute als der große Sohn des Ortes Maria Luggau, sogar die Volksschule hat man nach ihm benannt. Zu Lebzeiten ist der Thomas Tiefenbacher allerdings gerne verlacht worden, als »Büchlschreiber« und Sonderling. Statt sich ums Vieh, die Wiesen und die Zäune zu kümmern, ist er lieber über alten Chroniken gesessen, und manchmal hat er sogar Brot und Speck in seinen Rucksack gepackt und ist bis nach Klagenfurt, Innsbruck und Wien gefahren, um dort in den Archiven zu stöbern. Über die Entstehungsgeschichte von Maria Luggau hat er »Das Bildstöckl im Lesachtal« geschrieben. Es erzählt von der Bäuerin Helena, der zu Beginn des 16. Jahrhunderts auf einem Acker die Gottesmutter erschienen ist, mit dem Auftrag, eine Kirche zu bauen. Das »Bildstöckl« wird jeden Sommer mehrmals aufgeführt, sehr zur Freude der Touristen, Spielleiter ist Albert Tiefenbacher. Der hat Jahre als Discjockey und Animateur in der weiten Welt zugebracht, seit ein paar Jahren lebt er wieder auf dem Hof der Familie, mit Frau und Kindern. Die altmodische Frömmigkeit des Stückes macht ihm keine Probleme: »Das glaub ich viel mehr als alles, was die Politiker heute so daherreden.« Langweilig ist ihm jedenfalls nicht, auch nicht im Winter. Der Großvater hat riesige Bücher hinterlassen, alle in Kurrentschrift, die der Enkel nun zu entziffern versucht. Sogar an ein Museum hat er schon gedacht, Pläne hat er jedenfalls genug in der Tasche.

Wie es hinter den sieben Bergen weitergehen soll, darüber reden sich Einheimische und Gäste bereitwillig die Köpfe heiß. »Zu jedem Baum, der abgeholzt werden soll, führt schon eine Forststraße«, nörgelt ein Tourist in Wanderkluft. »Bauern und Gäst' haben halt verschiedene Wünsche«, kontert ein Luggauer. »Bei uns herrscht noch immer eine Mentalität wie bei den Großvätern, die einmal im Leben mit einem Bündel Geldscheine im Hosensack einen Traktor gekauft haben«, ärgert sich der dynamische Jungunternehmer, der seinen Namen »um Himmels willen« nicht gedruckt sehen will. »Die Lesachtaler investieren nicht gerne.« Das hat das Tal aber auch vor Betonklötzen und Beschneiungsanlagen à la Ischgl und Sölden bewahrt. Drunten in Tuffbad hat gerade ein erstes Wellnesshotel aufgesperrt, jetzt warten alle ab, ob sich das rechnen wird. »Das Lesachtal muss neu positioniert werden«, sagt der Ethnologe und Kommunikationsmanager Kurt Simperl aus Baden bei Wien, der schon seit vielen Jahren nach Maria Luggau kommt. Er selbst wollte ja einen spirituell-meditativen »Weg zum Licht« gestalten, beim Sterzer Waldele, aber mit der Esoterik haben es die Lesachtaler nicht so sehr, das Projekt ist wieder sanft entschlafen.

»Wir haben einfach weniger Bedürfnisse als in der Stadt«, philosophiert der Chauffeur, mit dem ich in einem fast leeren Bus hinunter nach Sankt Lorenzen fahre. Im Winter ist es früher ganz besonders schön gewesen, wenn zwölf Meter Schnee gelegen sind und der Boden schon zu Allerheiligen dreißig Zentimeter tief gefroren war. Dann hat man tüchtig eingeheizt und ist in der Stube zusammengesessen und hat sich erholen können von der harten Arbeit. »Geh, hör auf«, mischt sich die Frau hinter mir ein. »Das Wetter da bei uns ist einfach grausig! Zwei Drittel vom Jahr ist Winter und die restliche Zeit ist es kalt, das hat schon der Thomas Tiefenbacher geschrieben.« Und beim Sturm fallen die Computer aus, ruft ein junger Bursch nach vorne. So gondeln wir durch die Landschaft, in Sankt Lorenzen steige ich aus und wandere am Bach entlang zurück zum »Paternwirt«. Offenbar bin ich gerade noch rechtzeitig eingetroffen, denn vom Talboden herauf klingt es wie Donnergrollen. »Ein Gewitter in den Bergen!«, ruft eine deutsche Touristin erschrocken, aber die Serviererin beruhigt uns: »Na, dös sind nur die Harley-Fahrer!«

Alljährlich treffen sich Zehntausende Besitzer von blinkenden Harley-Davidson-Maschinen am Faaker See zum großen Biker-Treffen und verstopfen schon Tage vorher die Kärntner Passstraßen. Die Serpentinen durch das Lesachtal gelten als besonders beliebte Route, wie in »Easy Rider« dröhnen Gruppen von schweren Maschinen vorbei an verdutzten Kühen und an Bildstöcken. Aber niemand braucht sich zu fürchten, in den schwarzen Lederjacken stecken meist gut situierte ältere Herren, die mindestens dreißigtausend Euro für ihr Spielzeug hingeblättert haben und sich nun ein paar Tage lang wieder jung und aufmüpfig fühlen. »Am Dienstag muss ich schon wieder im Büro sein«, seufzt ein Rocker in den besten Jahren, der sich mit Polentakrapfen stärkt, dann knattert er davon, der alte Vinzenz schaut ihm ein bisschen neidisch nach.

Wir haben einfach weniger Bedürfnisse – dieser Satz fällt mir am Abend wieder ein, als ich in meiner stillen Klosterkammer sitze. Ein Bett, ein Stuhl, ein Tisch, ein Kreuz an der Wand. Kein Fernseher und kein Radio, dafür vor dem Fenster ein Panorama wie aus einem Heimatfilm. Eine fast unwirkliche Stille liegt über dem Tal, die dicken Mauern der Höfe verschlucken jeden Seufzer und jeden Juchzer. Aber auf den Wegen muss man sich hüten, was man spricht, denn der Schall trägt weit. Intimität ist ein heikles Gut, manche haben sogar ein Fernrohr in der Stube stehen, um die Nachbarn besser beobachten zu können, so wird jedenfalls gemunkelt. Die völlige Abwesenheit von modernen Medien hat aber auch erstaunliche Wirkung. Zum ersten Mal seit Langem habe ich wieder einmal Muße, die *Zeit* von der ersten bis zur letzten Seite zu lesen, seit meinem Aufenthalt im Kloster von Maria Luggau weiß ich endlich detailliert Bescheid über den Teilchenbeschleuniger in Genf und die Nationalitätenkonflikte im Kaukasus. Sogar die Kontaktannoncen lese ich gewissenhaft: »Empfindsamer Architekt sucht Frau zum Segeln und Tangotanzen.« Darüber entschlummere ich sanft.

Am nächsten Tag werde ich von wildem Gebimmel geweckt, es ist Sonntag, sechs Uhr früh, gnadenlos rufen die Glocken zur ersten Messe. Am Sonntag präsentiert sich Maria Luggau in all seiner Pracht, der Kirchgang muss Kaffeehaus und Heurigen ersetzen, man trifft sich zum Beten und Singen, zum Schwatzen und Schauen. In der kalten Luft kommen die Lugger und die Guggenberger, die Oberguggenberger und die Unterguggenberger, die Oberluggauer und die Unterluggauer und die Obernosterer. »Ich hab allein im Ort vierundvierzig Cousins und Cousinen«, seufzt eine junge Frau, die mit verwegen hohen Absätzen über die Fliesen klappert. »Und immer erzählen sie den gleichen Strudel!« Ältere Lesachtalerinnen tragen ihr Haar gerne zu einem Bienenkorb à la Marge Simpson getürmt, aber natürlich nicht in kornblumenblau. Heute feiert ein Klagenfurter Altbürgermeister seinen 90. Geburtstag, der Chor bringt ein Ständchen, der alte Herr steht auf seinen Stock gestützt da, lauscht versonnen und raucht sympathischerweise ein Zigarettchen nach dem anderen. Im Refektorium herrscht währenddessen emsige Geschäftigkeit, alles muss bereit sein für eine Busladung Wallfahrer, die sich aus dem Pustertal angesagt haben. Obwohl, die Wallfahrten sind auch nicht mehr, was sie früher einmal waren, auch wenn das Pilgern durchaus wieder in ist, vor allem durch den viel beschriebenen Jakobsweg. Aber aus den Wanderungen frommer Pilger sind sportliche Events geworden, vor allem viele Junge kommen angereist wie Interrail-Touristen und lachen und singen und meiden die Kirche. »Die Wallfahrer werden mehr, aber das Beichten wird weniger. Schreiben Sie das ruhig«, trägt mir Pater Bernhard auf. Wenigstens haben sich für Ende des Monats die Einwohner vom Dorf Sappada in den Dolomiten angesagt, die seit zweihundert Jahren pünktlich am dritten Samstag im September aus Italien heraufwandern, um sich zu bedanken, dass die Rinderpest im Jahr des Herrn 1804 ihren Ort verschont hat. »Da kommen brutal viel Leute, da müssen Sie dabei sein, so etwas haben Sie noch nicht gesehen!«, bekomme ich von allen Seiten zu hören.

Vielen Dank, besser nicht, ich habe sowieso schon das Gefühl, dass mich demnächst eine Marienerscheinung heimsuchen wird. Nach den Tagen im Kloster bin ich dermaßen geläutert, dass ich sogar für die Sonntags-*Kronen Zeitung* fünfzig Cent in die Büchse am Ständer einwerfe, unter den wachsamen Blicken des Ortes. Ich fliehe aus dem geschäftigen Treiben und mache mich auf nach Guggenberg, der höchsten Ansiedlung über dem Lesachtal. Vorbei an der Wiese mit den Lamas, die der Mario Lugger zur Hochzeit geschenkt bekommen hat, weil er früher Bergführer in Ecuador gewesen ist. Weiter steil bergauf an fünf alten Mühlen vorbei, das Wasser plätschert über die Lärchenräder. Die fünf Mühlen sind die letzten von früher hundertsechsundneunzig im Tal, die fast alle vom großen Hochwasser von 1965 zerstört wurden. Dass sie wieder in Betrieb sind und jede täglich fünfzig Kilogramm Mehl für den Eigenbedarf der Bauern liefert, ist der pensionierten Volksschullehrerin Brigitte Lugger zu verdanken, der Mutter vom Mario, die unermüdlich durchs Tal wirbelt und Initiativen entzündet, da ein altes Häusl rettet und dort eine Staumauer abwehrt. Auf dem Dach der letzten Mühle sitzt der Dorflausbub Raffi und baumelt mit den Füßen. Was er hier oben so treibt? »Frösch auf Touristen schmeißen«, sagt der Raffi und grinst von einem Ohr zum anderen. »Immer lieb sein zu Fröschen«, erteile ich dem Raffi einen pädagogisch wertvollen Ratschlag, dann geht es weiter durch den Wald, der im Slawischen »Les« heißt und dem Tal den Namen gegeben hat. Ich keuche und schwitze, offenbar habe ich mich verlaufen, denn ich kann mir beim besten

Willen nicht vorstellen, dass so hoch droben noch eine Siedlung sein soll, wo auf anderen Bergen nur mehr die Skilifte enden. Und dann trete ich plötzlich durch die Bäume auf eine Lichtung hinaus und über mir ragen die steinernen Höfe von Guggenberg, so steil wie Nester an einer Klippe, so atemberaubend wie Burgen aus einer Star-Wars-Episode. Gewitterwolken brauen sich über ihren Dächern zusammen, ein Wind kommt auf, der rasch kälter wird. Und ich denke mir, dass sich die Menschen, die diese Gehöfte gebaut haben vor Jahrhunderten, Armut hin, Kälte her, dass sich diese Menschen gefühlt haben müssen wie die Herren der Welt.

Am nächsten Tag soll es zurückgehen nach Wien, den ganzen langen Weg. Zeitig in der Früh komme ich in die Küche, Pater Bernhard sitzt schon am Tisch und trinkt Kaffee und isst ein Marmeladenbrot. Wir plaudern noch ein bisschen und ich frage ihn, wie es mit dem Lesachtal wohl weitergehen wird. Ob in ein paar Jahrzehnten rund um die Basilika wirklich nur mehr Almen sein werden? »Das liegt alles in Gottes Hand«, sagt Pater Bernhard. »Aber Sie kennen doch sicher den alten Witz, oder?« Und Pater Bernhard beugt sich über den Tisch und dämpft die Stimme: »Ich werd's nicht mehr erleben, sagt der alte Pfarrer. Aber meine Kinder!«

Metnitz – Viel Tod für einen kleinen Ort

Vom Bartl und dem Jokele, von Raubrittern und dem Sensenmann. Und einer späten Genugtuung

Die Wirtin vom Metnitzer Hof serviert einen flaumigen Rhabarberkuchen und erzählt ihre liebste Anekdote: »Vor Jahren ist einmal ein Japaner in Wien im Hotel Sacher abgestiegen. Gleich am ersten Tag ist er zum Portier gegangen und hat ein Taxi bestellt. Wohin, bitteschön, hat der Portier gefragt. Nach Metnitz, hat der Japaner gesagt, natürlich auf Englisch. Und dann hat er sich mit dem Taxi von Wien nach Metnitz fahren lassen! Einfach so, hin und retour!«

Die Wirtin verschwindet triumphierend in der Küche, der Bartl am Tischende löffelt sein Eis und wirkt wenig beeindruckt. Die Geschichte vom Japaner kennt er schon und außerdem hält er die Fahrt für völlig gerechtfertigt. Der Bartl, der in Dokumenten Bernhard Wurzer genannt wird, ist wie sein Vater Bartholomäus Wurzer ein Leben lang Pferdeknecht im Ort gewesen und kennt die Gemeinde und ihre Geschichte besser als jeder Historiker: »Im Jahr 1957 ist der erste Fernsehapparat nach Metnitz kommen. Damals hat der Dokta noch mit einem fußbetriebenen Spindelbohrer die Zähne behandelt, das war furchtbar!« Und dann erzählt der Bartl von Kelten und Slawen, als ob es gestern gewesen wäre, und von Rössern, die er noch in altertümlicher Pracht aufgezäumt hat. Mit Kummetpolster und Schweifriemen und zentimeterlangen Eisenstollen im Winter, als die Straßen noch so richtig eisig waren, wenn die Holzfuhren ins Tal donnerten. Das Holz ist bis nach Italien exportiert worden, zum Verlag Feltrinelli, »wo sich der Herr in die Luft gesprengt hat«. Und dann ist da natürlich noch der »Totentanz«, wegen dem ja auch dieser Japaner mit dem Taxi gekommen ist, aus der ganzen Welt reisen die Leute an. Der Bartl hat vor lauter Erzählen auf sein Eis vergessen, das in der Glasschale langsam zu einer Erdbeer-Vanille-Pfütze schmilzt.

Von Friesach, Kärntens ältester Stadt, geht es am südlichen Saum der Gurktaler Alpen hinauf nach Metnitz. Die Ortsnamen in dieser Gegend enden gerne mit einem spitzen »itz«, das aus dem Altslawischen stammt und die Nähe eines Baches bedeutet: Flattnitz und Laßnitz und Glödnitz und Predlitz. Der Markt Metnitz ist einst an den großen Straßen des Mittelalters gelegen, an Wegen, die zur Pestzeit gesperrt waren, an den Pfaden der Pilgerströme. Ein Selbstbewusstsein liegt in der Luft, das sich noch nicht ganz verflüchtigt hat. Dr. Helga Staunig, ehemalige Sonderschulpädagogin und Tochter des legendären Bürgermeisters und Gemeindearztes Hans Staunig, gestattet sich einen Anflug von Wehmut: »Wir sind erst seit hundert Jahren so im Abseits.« In den vergangenen Jahrzehnten hat man sich ein wenig im Gunstgewerbe des Tourismus versucht, aber schicke Hotels mit Wellnesslandschaft sucht man hier vergeblich, sie würden auch gar nicht zu der seltsam festlichen Stimmung passen, die selbst wochentags über den Häusern liegt. Denn das Herz der Gemeinde ist ein schlichter achteckiger Bau mit einem steilen Dach aus Lärchenschindeln, der gleich neben der Kirche auf der abfallenden Wiese steht: der Karner mit dem Metnitzer Totentanz.

Karner findet man im gesamten Alpenraum, kleine Steinbauten neben den mittelalterlichen Kirchen, die nur für die Gebeine der Toten bestimmt waren. Aber dieser hier ist anders, einzigartig, noch nie habe ich mich einer längst vergangenen Zeit so nahe gefühlt. Das Gras raschelt, unten im Tal summt leise der Verkehr, und ich stehe da und blicke dem Tod ins Auge. Fünfundzwanzig Figurenpaare bewegen sich in einem düster-grotesken Tanz rund um die Mauern, fünfundzwanzigmal zerrt der Tod einen widerstrebenden, angststarren Menschen hinter sich her. Greift nach dem Papst, dem Kaiser, dem Abt und dem Ritter, der Edelfrau und der Nonne, dem Bettler, dem Bauern, dem Kind und seiner Mutter. Gegen den Tod von Metnitz verblassen alle Halloween-Masken und Gruselfilmklassiker zu einem kindischen Spuk. Bleich und nackt und haarlos kommt er daher, mit aufgeschlitztem Leib und einem Grinsen, das frieren macht. Er habe in seiner Kindheit noch Bauern erlebt, die es nicht gewagt haben, an diesen Malereien vorbeizugehen, das wird mir der Bürgermeister später erzählen. Ungefähr um 1500 sind die ursprünglichen Fresken entstanden, von einem unbekannten Künstler geschaffen in Kälte und Einsamkeit, die Bergkuppen rundum sehen auch heute noch so aus, als ob Wölfe und Bären darin hausen könnten. Die Szenen müssen zur Zeit ihrer Entstehung ein wahrer Skandal in der gottesfürchtigen Bergwelt gewesen sein. Denn sie haben den Menschen eine radikale Botschaft erzählt, die man kaum zu denken wagte: Es gibt eine Macht, die behandelt alle gleich. Der Tanz beginnt mit einem Papst, vor dem sich der Höllenrachen auftut, und endet mit einem Franziskaner, der sich dem einfachen Volk zuwendet. Diese Bilder wurden als so ungeheuerlich empfunden, dass 1604 die bischöfliche Anordnung erging, den Höllenrachen durch ein Jüngstes Gericht zu ersetzen. Unter den Figuren schlängelt sich ein vierzeiliges Spruchband in gotischer Schrift und neuhochdeutscher Sprache, das die Szenen kommentiert:

Her keyser euch hilft nicht das swert
Czeptir und crone sint hy nicht wert
Ich habe euch bey der Hand genomen
Ir musst an meynen reyen kommen

In einem einzigen Bild ist der Tod schwarz statt bleich, als er nämlich das Kind am Arm packt. Der »schwarze Mann«, mit dem viel zu viele Generationen diszipliniert worden sind, hier ist er zu Hause. Ich ziehe meine Jacke enger um die Schultern, obwohl die Sonne scheint, Schritte knirschen in meinem Rücken, erschrocken drehe ich mich um, doch es ist nur eine Kirchgängerin, die Blumen gießt und mir zulächelt. Ob es nicht unheimlich war, nahe so einem Ort aufzuwachsen? »Nein«, sagt sie freundlich. »Die Malereien haben uns nix ausgemacht, nur die ganzen Knochen, die da drinnen im Karner aufgeschlichtet waren, die waren für uns als Kinder schon zum Fürchten. Aber die sind ja später umgebettet worden.«

Ich atme tief durch, spaziere langsam nach draußen, Richtung Hauptplatz – und pralle auf das nächste Gerippe! Denn gleich gegenüber der Kirche ragt ein riesengroßes rostiges Eisenschiff in die Höhe, auf dem sich der Sensenmann in mancherlei Situationen vergnügt, ja sogar wie ein Scherenschnitt zwischen den drallen Schenkeln einer nackten Frau hervorgrinst. Das Totenschiff ist früher einmal Bühnenbild für eine Theateraufführung in Berg im Drautal gewesen, aber die Drautaler haben anschließend wenig Lust verspürt, mit der schaurigen Eisenplastik von Bildhauer Hans-Peter Profunser ihre Sommergäste zu verschrecken. Also hat sich Metnitz angeboten, wo man bereits Übung im Umgang mit dem sperrigen Thema hat. »Krankheit und tod, die kummen oft, so mittendrin und unverhofft«, buchstabiert eine Touristengruppe gerade und schaut ziemlich betreten drein, dann stärken sich alle mit Karamellbonbons und wandern weiter.

Viel Tod für so einen kleinen Ort! Wie lebt es sich wohl damit? Neugierig blicke ich in die Gesichter der Metnitzer, die zu Mittag den Hauptplatz queren, bei der Trafikantin ein Schwätzchen halten und anschließend vorm Gasthof Rabensteiner in der Sonne sitzen. »Ich will lieber nit so viel davon wissen«, sagt eine junge Frau. »Ganz wunderbar«, sagt Hauptschuldirektor Siegmund Kogler. »Weil wir alle voller Freude und Stolz damit leben.« Eines ist ihm aber sehr wohl bewusst: »Unser Schatz lässt sich nur schlecht bewerben und im Massentourismus einsetzen!« Dafür sei die Gemeinde ein Juwel an Lebensqualität, es gibt noch einen Schuster, einen Schneider und einen Tierarzt, was man eben so braucht im Alltag. Und Wohlstand gibt es, der allerdings nicht protzig daherkommt. Die diskrete Marktgemeinde Metnitz ist um ein Drittel größer als Liechtenstein und verfügt über mehr als fünfzig Eigenjagden von mindestens hundertfünfzehn Hektar, die von den Besitzern, zumeist Großbauern, und ihren Gästen gern genutzt werden. Sogar »Herren von Metnitz« haben dereinst über das Land rundum geherrscht, die allerdings eher Raubritter gewesen sein dürften. In grauer Vorzeit haben sie einen Kaufmannszug voll beladen mit Silberzeug überfallen und angeblich sogar einen Bischof entmannt. Daraufhin wurde ihre Burg geschliffen, bis kein Stein mehr auf dem anderen blieb, die Nachkommen hat es quer durch Kärnten und weiter in alle Erdteile verstreut. Vor einigen Jahren ist plötzlich ein alter Mann auf einem Bankerl am Weg rauf zur Kalvarienbergkapelle gesessen, hat sich auf seinen Stock gestützt und ins Tal hinuntergeblickt, ganz wie in den alten Sagen. Dem Siegmund Kogler hat er eine Visitenkarte überreicht mit »Kraffto von Metnitz« und ihm erzählt, dass er Professor in Deutschland gewesen sei und nun der Letzte seines Geschlechts, nach ihm kämen nur noch Töchter. Dann ist er wieder verschwunden und man hat nichts mehr von ihm gehört. Diese Begebenheit erzählen die Metnitzer gerne, in den verschiedensten Versionen, den Bartl hat er sogar auf Kaffee und Kuchen eingeladen, aber es ist eben nur mehr eine Anekdote, heutzutage hat man andere Sorgen als Raubritter.

Vizebürgermeister Vinzenz Ebner ist der Hansdampf in allen Gassen, da eine Gemeinderatssitzung, dort eine Seniorenjause, vormittags eine Pfarrbesprechung, abends eine Chorprobe. Leute wie ihn braucht es, damit Orte wie Metnitz lebendig bleiben und nicht zu gespenstisch stillen Kulissen verkommen wie so viele Nachbardörfer, wo der Wirt und der Kaufmann und die Apotheke längst aufgegeben haben. »Ich kauf so viel wie möglich da bei uns ein, damit sie den Supermarkt ja nicht zusperren«, schnauft eine Frau, die Einkaufstüten schleppt. Zwei Drittel der Metnitzer müssen auspendeln zur Arbeit, aber noch kommen sie zurück am Abend und treffen sich dann in einem der unzähligen Vereine, bei den Bienenzüchtern oder den Eisschützen, in der Freiwilligen Feuerwehr oder im Männergesangsverein, der am Dienstag pünktlich den Ortskern beschallt. Der Gemeinde ist es sogar gelungen, die Abwanderung in den vergangenen Jahren einzubremsen, durch Pendlerförderung und Zuschüsse für Jungfamilien, das kostbarste Gut für abgelegene Dorfgemeinschaften. Auf die hohen Herren in Wien ist Bürgermeister Anton Wulz-Weber gar nicht gut zu sprechen: »Stärkung des ländlichen Raumes, wenn ich das nur höre, das ist für mich das Politiker-Unwort des Jahres! Die sind doch alle viel zu weit weg von unseren Problemen!« Monate, nachdem ich Metnitz besucht habe, werde ich abends gemütlich auf dem Sofa vor dem Fernseher sitzen und auf dem Bildschirm wird plötzlich ein von Unwettern und Hochwasser schwer verwüstetes Metnitztal auftauchen. Und ein Bürgermeister, der abgekämpft das Kommando führt und ungeduldig Hilfe einfordert.

Aber noch scheint die Sonne und der Himmel ist glockenblumenblau mit weißen Spinnwebwolken. Ich bummle mit dem Herrn Vizebürgermeister, der in alle Richtungen grüßt, zum alten Feuerwehrhaus und Vinzenz Ebner erzählt mir die Geschichte, wie die Metnitzer für ihren Totentanz gekämpft haben, damals, als man ihnen ihren Schatz abjagen wollte.

Es ist nämlich ein wahrhaftiges Wunder gewesen, dass die Malereien aus dem Mittelalter so lange dem rauen alpinen Klima getrotzt haben, aber 1982 mussten ihre verblassten Reste endgültig nach Wien in die Werkstätten des Bundesdenkmalamtes gebracht werden, nachdem sie bereits in den sechziger Jahren vom Karner abgenommen und in die Kirche übersiedelt worden waren. Fast zehn Jahre sind die Fresken in Wien geblieben, wo man mit Hightech-Verfahren so viel wie möglich zu retten versuchte. Ein eigener Drehtisch ist konstruiert worden, Verwitterungstests in einer Klimakammer wurden vorgenommen, teilweise musste in einem eigens befeuchteten Zelt gearbeitet werden. 1995 endlich sind die restaurierten Originale im Belvedere ausgestellt worden und dann – dann mussten die Metnitzer aus der Zeitung erfahren, dass ihr Tod, mit dem sie so lange beherzt gelebt hatten, fortan in einem Museum verbleiben sollte, höchstwahrscheinlich in Klagenfurt. Das hat niemand in Metnitz so hinnehmen wollen, es hat zähe Verhandlungen mit dem Bundesdenkmalamt gegeben, dann wurde zum Glück eine Lösung gefunden. Das alte Feuerwehrhaus ist zu einem kleinen, aber feinen Museum umgebaut worden, mit höchster Sicherheitsstufe und einer konstanten Luftfeuchtigkeit zwischen sechzig und siebzig Grad, 1996 konnte es eröffnet werden. Vinzenz Ebner schaltet die Alarmanlage aus, sperrt die Tür auf und geht voran in den dämmrigen Raum. Dann stehen wir vor den Originalen, die Sprünge und Flecken aufweisen, das Bundesdenkmalamt hat nur eine Restaurierung im »Status quo« zugelassen und keine Rekonstruierung, wie sie auf den Mauern des Karners gemacht wurde. »Was für Farben«, sagt der Herr Vizebürgermeister andächtig, als ob er sie gerade zum ersten Mal erblicken würde. »Ist es nicht ein Wunder?«

Ein Klopfen an der Tür unterbricht unser Staunen, draußen stehen Jörgi und Erika aus Villach, zwei braun gebrannte Tourengeher, die aus allen Poren Frohsinn schwitzen und nach einer Wanderkarte fragen. Der bestens organisierte Herr Vizebürgermeister hat natürlich eine im Auto, die holt er schnell und überreicht sie mit einer Entschuldigung: »Leider noch ohne GPS!« Jörgi und Erika stapfen weiter, dafür naht nun der Herr Pfarrer, der ein wenig gestresst wirkt. Sechs Pfarreien hat er zu betreuen, jetzt ist auch noch ein Kollege krank geworden, gleich muss er weiter zu einer Trauerfamilie: »Bei uns wird noch zu Hause gestorben!« Wenn der letzte Seufzer getan ist, dann erscheint der Pfarrer »und bringt Struktur hinein«, die Nachbarn bringen einen Kuchen, die Sarg- und die Licht- und die Kranzträger werden auserwählt, feierliche Rituale, die allen Metnitzern zustehen. »Hier bekommt jeder das gleiche Begräbnis, egal, ob einer der kleinste Knecht oder ein Großbauer war.« Ich verkneife mir leise Zweifel, Pfarrer Erwin Schattak lobt zum Abschied seine Schäfchen: »Das sind lebensfrohe, lebensbejahende Menschen in dieser Gegend. Da herrscht noch die Kraft des Glaubens und nicht irgendsoeine dumme neumodische Energie aus dem Boden.«

Das muss ich erst einmal verdauen, am besten über einer Erdbeerroulade im »Metnitzer Hof«. Seniorinnen aus Klagenfurt quellen gerade aus einem klimatisierten Bus und rücken sich die Schürzen und die Stützstrümpfe zurecht. Ob sie sich den berühmten »Totentanz« anschauen werden? »Na, wir gehen lieber auf a gute Jaus'n!« In der Gaststube ist es ohne den Bartl ziemlich langweilig und so bummle ich weiter durch den Ort, hinunter zur Hauptschule, über deren Portal noch immer der Spruch aus dem Jahr ihrer Fertigstellung 1897 prangt: »Gute Schulen am rechten Platz, sind für Gemeinden ein großer Schatz. Doch auch zu Hause strenge Zucht, die bringt dann erst die rechte Frucht.« Junge Lehrer wollten von hier gar nicht mehr fort, hat mir Direktor Kogler erzählt, der auf seine Schüler besonders stolz ist: »So viele fesche Kinder wie bei uns werden Sie selten wo finden. Das hat sicher damit zu tun, dass Kärnten eine Grenzregion ist.« Drei wirklich fesche Kinder skaten gerade vor der Schule. Was sie von dem Spruch über dem Tor halten, das sie zehn Monate im Jahr passieren müssen? »Nix«, sagt die Älteste keck, die Kleinen kichern, dann flitzen sie davon wie die Raubritter. Ich wandere noch ein bisschen den Berg hinauf, nehme einen Abstecher durch den dichten Wald, die Abendsonne verleitet einfach zum Kraxeln. Vor einem Hof kommt mir eine semmelbraune Hündin entgegen, beklommen bleibe ich stehen, vor Hofhunden hege ich aufrichtigen Respekt. Aber die Hündin wedelt freundlich mit dem Schwanz und lässt sich sogar zwischen den Ohren kraulen. »Wie heißt sie denn?«, frage ich den Bauern, der gerade zur Scheune geht. »Jakob«, antwortet der trocken. »Aber wir sogn Jokele.«

Nach dieser Blamage ziehe ich mich lieber in mein Zimmer beim Rabensteiner zurück und schaue noch ein bisschen über die Dächer von Metnitz, diesem tapferen Ort. »Hier leben ganz besondere Menschen«, erzählt mir am nächsten Tag auch Inge Auer, als sie mich durch ihre liebevoll gestaltete Sammlung von bäuerlichen Alltagsgegenständen führt. »Wie wir in den neunziger Jahren eine Ausstellung über fast schon vergessenes Brauchtum geplant haben, sind Leute von den entlegensten Höfen gekommen und haben Gemälde und Schnitzereien von ihren Vorfahren gebracht, das war einfach unglaublich.« Diesen Eindruck habe ich auf meinen Reisen durch Kärnten oft empfunden: Dass Kunst zu retten vermochte aus der Enge und der dumpfen Abgeschiedenheit, aus der Taubheit, die vom vielen Arbeiten kommt. Kleine Ortschaften sind prall von Schätzen und Bräuchen, die daherkommen wie Inszenierungen auf den ersten Bühnen des Landes. Im Metnitztal ist es das »Ritual der Drei Könige«, das jedes zweite Jahr zwischen Silvester und Dreikönigstag aufgeführt wird, ein geheimnisvoll-schönes Spektakel vor den Höfen. Die Darsteller der Heiligen Drei Könige tragen dann Kronen aus Leinenstreifen, die mit Wachs gehärtet sind, eine Kerze im Inneren erhellt die Nacht und lässt sie wirken wie riesenhafte Abgesandte aus mythischer Zeit, die sich stumm verneigen. Dazu wird das »Kinilied« von 1724 gesungen, das von König David erzählt, von Kaspar, Melchior und »Balthaser aus Österreich«: »Ich lag in einer Nacht und schlief, mich deucht als wenn mich König David aufrief und wie wir ihm sollen erscheinen …« Inge Auer erklärt und erzählt und lässt in dem kleinen Museum eine Welt erstehen, die geprägt war vom Kirchenjahr und seinen

Feiertagen, von unbarmherzigen Fastenvorschriften und kleinen Freuden: »Immer um vier Uhr am Nachmittag war Feierabend, auch beim strengsten Vorknecht. Dann hat man müssen die Gassen kehren im Ort und dann war Feiertagsstimmung. Dann haben sich endlich alle ausruhen können.« Moderne Ratgeber fürs Entrümpeln erscheinen mir plötzlich doppelt dekadent, vor Truhen, in denen der gesamte Besitz von wandernden Dienstboten Platz fand, vor Spielzeug aus nackten Baumwipfeln und der Arme-Leut-Pfann' aus schwerem Gusseisen. Nach dem Sauschlachten ist jeder Millimeter Schwarte verwendet worden, sogar die Borsten hat noch der Bürstenhändler bekommen. Obst hat sich niemand leisten können, stattdessen ist Sauerkraut eingelegt worden als Vitamin-Lieferant, bei Krankheiten hat man nicht viel mehr als Tee gehabt und Schmalz zum Einreiben, und das Beten natürlich, manches Mal ist ja sogar ein Wunder geschehen. Aber auch heidnische Bräuche wurden verstohlen gepflegt, dem Wind hat man Dampfnudelteig vor die Tür gelegt zur Besänftigung, und beim Hausbau ist geweihtes Geld im Fundament und im Dachstuhl versteckt worden, alte Zimmerleute wissen noch heute, wo sie suchen müssen bei einem Abriss. Im Keller des Museums sind Jagdszenen ausgestellt, und hier erfahre ich endlich, was es mit dem verwitterten Grabstein gleich neben der Kirche und mit seiner geheimnisvollen Inschrift auf sich hat: »Hier ruhet Franz Buzzi, Forstwart, ermordet in Ausübung seines Berufes am 30. November 1881 im 41. Lebensjahre. Gewidmet vom fürstbischöflichen Forstpersonale und mehreren Jagdfreunden.« Aber eine Zeile ist eindeutig aus dem Stein herausgeschlagen, das ist mir schon am ersten Tag in Metnitz aufgefallen. Der Franz Buzzi ist nämlich von einem Wilderer gemeuchelt worden, den dann die Mutter überredet hat, sich zu stellen. Der Johann G. ist zuerst zum Tod verurteilt und dann von Kaiser Franz Joseph zu zwanzig Jahren Dunkelhaft »begnadigt« worden. Nach Verbüßen dieser Strafe ist er fast blind nach Metnitz zurückgekehrt und hat seinen Namen, der zur Gänze auf dem Grabstein eingemeißelt war wie in einer modernen Verbrecherdatei, mit dem Hammer wieder entfernt. »Das war auch sein gutes Recht«, sagt die Frau Auer knapp und löscht das Licht im Keller. So wandern wir durch das Haus mit den knarzenden Treppen und den dicken Mauern, das schon Post und Schule und Luftschutzkeller war, und meine Begleiterin erzählt von einer Zeit, die viele nur als grausam und hartherzig empfunden haben. »Allweil schön is nia schön«, sagt die Frau Auer philosophisch, die noch ihrer Großmutter die Füße gewaschen hat zum Ende der Fastenzeit, und da klingt etwas von der Tapferkeit mit, mit der man sich früher gefügt hat in die Arbeit und die Kälte und die Einsamkeit auf dem Land, nicht nur in Kärnten.

Ich verabschiede mich und gehe die abschüssige Straße wieder zurück in den Ort, wo die Metnitzer so unerschrocken mit einem Thema leben, das normalerweise sorgsam aus allen Unterhaltungen ausgeklammert wird. Totentanzfresken und rostiges Totenschiff, dazu eine Serie von modernen Darstellungen von Peter Brandstätter im Kircheninneren, jetzt fehlt nur noch das Totentanzspiel, das alle vier

Jahre im Sommer auf der Wiese vor dem Karner aufgeführt wird. Die Handlung hat sich aus liturgischen Texten des Mittelalters entwickelt und bis Ende des 19. Jahrhunderts in dem abgelegenen Tal erhalten, dann ist das Spiel in Vergessenheit geraten und erst 1957 hat wieder eine Aufführung stattgefunden, auf Initiative des damaligen Gemeindearztes Hans Staunig. »Damals haben ja nur der Arzt und der Pfarrer gewusst, dass solche Texte und Malereien etwas ganz Besonderes sind«, erinnert sich seine Tochter. Der halbe Ort macht seither mit, manche Rollen werden regelrecht »vererbt«. Die Hauptrolle hat der Herr Bürgermeister inne, geschminkt wird er von der Hanni Wallner, der Friseurin im Dorf. Das ehrenvolle Amt hat auch sie von ihrem Vater und ihrem Großvater übernommen, eine halbe Stunde »inklusive Zigarettenpause« braucht die Frau Hanni, dann ist aus dem Bürgermeister ein schauerliches Gerippe geworden mit bleckenden Zähnen und schwarzem Umhang.

Das Kärntner Gegenstück zum Salzburger »Jedermann« beginnt in der Dämmerung und wird nur von Fackeln erleuchtet, an die zweitausend Gäste aus ganz Europa und sogar aus Übersee verfolgen dann bei insgesamt vier Vorstellungen im Juli und August den Reigen. »So viel Leute muss man erst einmal herkriegen in so ein abgeschiedenes Tal«, sagt der Bürgermeister stolz. »Dazu die Tausenden Besucher alljährlich, die nur wegen der Fresken kommen, also wir haben schon ein ganz besonderes Publikum, wer Ballermann-Atmosphäre sucht, der fährt woanders hin.« Ob man bei diesem erstaunlich großen Interesse nicht öfter auftreten sollte? »Besser nicht, sonst spielt sich das Stück zu Tode«, lautet die Antwort, und niemand versteht so recht, warum ich lachen muss. Der Tod scheint hier zu einer Selbstverständlichkeit geworden zu sein, man spielt ihn, man schminkt ihn, man stellt ihn aus. Nur als sich kürzlich ein Brautpaar nach der Trauung statt einem Ständchen Szenen aus dem Totentanz gewünscht hatte, da war man sogar in Metnitz verblüfft. 2010 und 2014 sind wieder Aufführungen geplant, die ersten Reservierungswünsche treffen bereits ein. Dann wird sich wieder die Dämmerung über den Karner von Metnitz senken und im Licht der Fackeln wird der Jüngling mitten aus dem Publikum heraus dem Tod entgegentreten. Still ist es im Publikum, wenn das Spiel verklingt, und die Wirte bekommen wenig Geschäft. »Nachher gehen alle ganz betroffen weg«, weiß der Herr Bürgermeister von seinen bisherigen Auftritten. »Und auf der Bundesstraße wird so diszipliniert gefahren wie sonst nie. Dann überholt keiner.«

Nötsch – Das Leben hinter der Kunst

Vom Backen und vom Malen. Der Herzog von Windsor und Besuch aus Amerika. Und der Bär, der zum Glück nicht aufgetaucht ist

Die Frau Wiegele steht in ihrer Backstube in Nötsch im Gailtal und sieht aus, als ob sie, schwuppdiwupp, gleich wieder in einer Geschichte von Wilhelm Busch verschwinden könnte. Drall und proper, mit einer Schürze und einem straff gedrehten grauen Haardutt auf dem Hinterkopf, mehlbestäubt bis über beide Ellbogen. Ich stehe neben ihr und gähne nur ganz verstohlen. Denn es ist fünf Uhr in der Früh, »spät für einen Bäcker«, sagt die Frau Wiegele streng, aber zeitig für eine Journalistin, die am Abend zuvor viel zu spät ins Bett gekommen ist. Draußen hängt klamm und grau der Morgennebel, doch hier drinnen zwischen Ofen und Teigschüsseln duftet es warm und tröstlich nach frischem Brot, nach geriebenen Nüssen und Vanille, nach Kindheit. Gerade wird eine Füllung aus Topfen und Rosinen angerührt, dann müssen Streifen von Blätterteig über Metallröhren gewickelt werden, so entstehen die begehrten Schaumrollen. Ein Mixer quirlt Rahm zu Butter, die Frau Wiegele wäscht den gelben Klumpen sorgfältig und formt daraus einen kiloschweren Laib, den sie schnaufend auf eine Porzellanplatte wuchtet und mit Gabelpieksern verziert. »Wie man die Kühe füttert, so schmeckt auch die Butter«, schreibe ich schnell mit, denn schon wird der Teig fürs Briochegebäck abgeschmeckt: »Wenn nur a bissele zu viel Zucker drinnen ist, verbrennen die Kipfeln.« Geselle Fritz holt währenddessen mit einer langen Schaufel Dinkelsemmeln aus dem Ofen und schüttet sie in einen geflochtenen Korb, gerade rechtzeitig, die ersten Frühaufsteher drängen sich bereits vor der Tür.

Bäckerei und Laden liegen im Erdgeschoß eines alten Hauses im Gailtal, im ersten Stock befinden sich hell und luftig renoviert die Räume des Museums vom »Nötscher Kreis«. So werden vier Maler bezeichnet, die im vergangenen Jahrhundert in dem kleinen Südkärntner Ort gelebt und gearbeitet haben, die Einheimischen Sebastian Isepp und Franz Wiegele, der aus Mähren zugewanderte Anton Kolig und der Schwabe Anton Mahringer. Neben Schiele und Kokoschka gehören sie zu den wichtigsten Begründern der modernen Malerei in Österreich. Die Frau Wiegele wiederum hat als junges Mädchen den Neffen vom Franz geheiratet, den Alfred, der als Bub auf einem der berühmtesten Gemälde der Gruppe porträtiert ist, »Die glückliche Familie« von Franz Wiegele, entstanden in den Jahren 1932/33. So verzahnen sich in dieser Geschichte die verschiedenen Ebenen, das Backen und das Malen, das Brot und die Kunst.

Nötsch liegt am Fuß des Dobratsch, der in den Fremdenverkehrsprospekten auch Villacher Alpe genannt wird. Ein schroff abfallendes Massiv, über zweitausend Meter hoch, im Jahr 1348 hat an seiner Südseite eine der größten Naturkatastrophen in der Geschichte der Alpen stattgefunden. Der halbe Berg ist abgebrochen, laienhaft ausgedrückt, und hat unzählige Menschen und ihre Ansiedelungen unter

Geröll begraben, vergleichbar höchstwahrscheinlich nur mit dem Schrecken eines Tsunami. Abt Florimund vom Kloster Arnoldstein hat das Geschehen miterlebt und später beschrieben, Kirchtürme fingen zu wanken an, Bäume schlugen aneinander wie Gräser, der Himmel verdunkelte sich wie zur Nachtzeit. »Alles war der Meinung, es sei der Jüngste Tag angebrochen.«

Noch heute ragt der Dobratsch wie ein steinerner Wolkenkratzer über die Dächer und Baumwipfel von Nötsch, und den Gast aus der Stadt überläuft ein leises Prickeln. Im Rücken den blanken Fels, zu Füßen die sumpfigen Wiesen des Gailtals, gegenüber die Kalkspitzen der Julischen Alpen rund um Tarvis – dazu das Licht, das an manchen Tagen von einer beinahe schon italienischen Samtheit übers Panorama tropft. Sogar als völlig unmusische Natur sehnt man sich dann nach Papier und Pinsel und einem Töpfchen Farbe, um das Geschaute festzuhalten, nicht nur mit der Kamera. Der Gastwirtssohn Sebastian Isepp und der Sohn eines Schlossers, Franz Wiegele, haben offenbar ähnlich empfunden, und noch dazu das unerhörte Glück gehabt, in ihren Elternhäusern auf Verständnis zu stoßen. Der neunzehnjährige Sebastian schreibt sich im Herbst 1903 an der Wiener Akademie der bildenden Künste ein und überredet 1907 auch seinen jüngeren Freund Franz zum Eintritt. Die »charmanten jungen Gailtaler Bauernburschen« finden überraschend schnell Zutritt zu den intellektuellen Zirkeln der Wiener Gesellschaft, verkehren mit Kokoschka und Schiele, Loos und Hofmannsthal, mit Schnitzler, Karl Kraus und Manès Sperber. Vor allem Franz Wiegele hat eine betörende Wirkung auf Frauen ausgeübt, wie Hofmannsthals Tochter Christiane beschreibt: »Wir alle waren verliebt in ihn ... Er spricht ganz leise und schüchtern, ein mühsames Hochdeutsch, aber furchtbar nett.« Sein Freund Sebastian wird bald als »Schnee-Isepp« bekannt, weil er immer wieder die winterlichen Berge seiner Heimat malt. 1911 nehmen beide an einer Ausstellung des »Künstlerbundes Hagen« teil, einer Abspaltung von der Wiener Secession, die begeistert und schockiert zugleich aufgenommen wird. Franz Wiegele präsentiert sein Gemälde »Akte im Wald«, das allerhöchstes Missfallen erregt. »Erzählen Sie keinem Menschen, dass ich in dieser Schweinerei war«, befahl Thronfolger Franz Ferdinand dem Portier, wie die Journalistin Berta Zuckerkandl berichtet. Bei dieser Veranstaltung des Künstlerbundes macht bereits Anton Kolig mit, der 1912 Wiegeles Schwester Katharina heiratet. Im Ersten Weltkrieg wird Isepp an der Isonzo-Front verschüttet, kann aber gerettet werden. Wiegele und Kolig überstehen die Jahre glimpflicher, Wiegele wird im Anschluss an ein Paris-Stipendium allerdings interniert und zum Arbeitsdienst nach Algerien eingezogen, wohin ihm die besorgte Familie übers Rote Kreuz Zigarren, Würste und Seife nachschicken lässt. Auch in dieser Situation hilft dem feschen Franz sein Glück bei Frauen, er findet Gönnerinnen und hilfreiche Geliebte. Nach dem Krieg hat er gerne vor dem Villacher Bahnhof auf reiche Kaufmannsgattinnen gewartet, die sich von ihm porträtieren ließen. Anton Kolig wird 1928 Professor an der Kunstakademie in Stuttgart, er bringt nun immer wieder Studenten mit, einer davon ist

Anton Mahringer, der sich ab 1931 in Nötsch niederlässt. Die Gruppe ist komplett und wird in den kommenden Jahren ein entlegenes Kärntner Dorf auf der Landkarte der europäischen Kunstszene verankern. Nur Isepp beendet nach seinen traumatischen Kriegserlebnissen die eigene Karriere und wendet sich endgültig dem Restaurieren zu, schon in frühester Jugend hat er gemeinsam mit seinem Bruder Hubert alte Lauten instand gesetzt. 1936 übernimmt er die Leitung der Werkstätten am Kunsthistorischen Museum in Wien.

Heute hängen die Werke aller vier in großen Museen, sind in wichtigen Sammlungen weltweit vertreten. Aber ihre Lebensläufe und Briefwechsel zeichnen auch ein Sittenbild vom Dasein als freier Künstler. Von Abhängigkeiten und Demütigungen, vom Kampf um Galeristen und Gönner, von Intrigen und dem Bitten um Intervention. Mit dem Erstarken des Nationalsozialismus wird aus dem deutschsprachigen Kunstbetrieb ein Geflecht aus Tätern und Opfern, Kunsthändler sind zugleich Arisierer, Mäzene werden zu Vertriebenen. Wiegele, Kolig und Mahringer haben sich durch diese Jahre hindurchlaviert wie so viele, haben lieber privatisiert statt politisiert und von ihren Erlebnissen auf der Pirsch berichtet wie der begeisterte Jäger Franz Wiegele in seinen Briefen. 1938 wurden die Fresken von Anton Kolig im Klagenfurter Landhaus von Nationalsozialisten abgeschlagen, aber dieser Vandalenakt hat sich nicht an politischen Aussagen des Künstlers entzündet, sondern »lässt sich nur aus dem Kampf gegen alles Neue und Moderne erklären, der in Kärnten zu einer historischen Tradition gehört«, wie der Historiker Wilhelm Baum schreibt. Einer der ganz wenigen Künstler im Land, die sich gegen den Faschismus gestellt haben, war Sebastian Isepp. Mit seiner jüdischen Frau Helene Hammerschlag und den beiden Kindern ist Isepp nach London emigiriert, die Erlaubnis zur Ausreise musste teuer erkauft werden, der Besitz der Familie Hammerschlag am Attersee wurde von den neuen Machthabern abgepresst, eine Entschädigung dafür hat es bis heute nicht gegeben.

Michael Isepp sitzt auf seiner Veranda mitten in Nötsch, die Vögel zwitschern, die bewaldeten Ausläufer des Dobratsch leuchten tiefdunkelgrün in der Mittagssonne. Und er erzählt von seinem Großvater, Isepps Bruder Hubert: »Der Opa hat Radios gebastelt, damit er englische Sender hören kann, weil der Onkel Wastl doch hat weggehen müssen mit der Tante Helene. Dann ist der Ortsvorsteher gekommen und hat gesagt, dass der Opa ins KZ kommt, wenn er noch einmal dabei erwischt wird.« Aus der Ferne betrachtet lesen sich Lebensläufe meist so glatt, geboren, gestorben, ja sogar »emigriert«, das klingt für viele heutzutage in unserer mobilen Welt wie eine interessante Erfahrung. »Aber ich krieg jedes Mal einen Knödel im Bauch, wenn ich mir das vorstelle«, sagt Michael Isepp. »Emigration, das wird so selbstverständlich ausgesprochen und hingenommen, als ob da jemand auf Urlaub gefahren wäre. Aber der Wastl hat irrsinnig gelitten in der Fremde, nur zurückkommen wollte er trotzdem nie mehr.« Der Wastl Isepp hat es bis zum hochgeschätzten Restaurator der National Gallery gebracht, 1954 ist er in London gestorben. Nötsch und die geliebten Berge hat er nie wiedergesehen. Sein Sohn Martin wurde Musiker und hat vor Jahren den Geburtsort des Vaters besucht. »Aber man hat das Unbehagen gemerkt, der ist sehr vorsichtig gewesen. Der Hammerschlag-Besitz am Attersee, der hat den Martin überhaupt nicht interessiert.«

Und dann erzählt Michael Isepp noch ein paar Anekdoten aus der guten alten Zeit, damit wir nicht gar zu traurig werden. Wie Nötsch noch ein »windisches« Dorf gewesen ist und vor dem Wirtshaus Pflöcke für die Pferde in die staubige Straße gerammt waren wie im Wilden Westen. Die Pferde haben Wasser und Hafer bekommen, die Fuhrmänner ihren Schnaps. Ältere Nötscherinnen sind ganz in Schwarz gekleidet gegangen, mit einem Kopfring, auf dem haben sie Gefäße und Mehlsäcke balanciert »wie in Afrika«. Einmal haben der junge Michael und seine Freunde einen lebensgroß gemalten Heiligen vom Wastl-Onkel im Stadel gefunden, den haben sie dann der Kellnerin ins Bett gelegt. »Manche Sachen überleben ja, weil kein Geld da ist zum Renovieren und Entsorgen«, sagt der erwachsene Architekt Michael Isepp. »So ein Gerümpel halt, von dem keiner glaubt, dass es Kunst ist.« Er lebt gerne in Nötsch, trotz aller Geschichten aus der Vergangenheit. Nur die klaren, kalten, schneereichen Winter von früher, die gibt es schon lange nicht mehr, stattdessen verregnete, graue Monate, die aufs Gemüt drücken. »Aber zum Glück ist ja Italien nicht weit, da kann man dem Frühling entgegenfahren.« Zum Glück ist Italien nicht weit, diesen Satz bekomme ich oft zu hören auf meinen Reisen durch Kärnten, wie ein Trost, den man sich selber spendet.

Ich verabschiede mich und gehe weiter in Richtung Saak, der Nachbargemeinde. An der Dorfstraße stehen wuchtige denkmalgeschützte Höfe, manche sogar noch aus dem 16. Jahrhundert, die Felsen des Dobratsch sind so nah wie eine Kerkerwand. Dann knickt die Straße ab und führt zurück nach Nötsch, an der Kirche vorbei zur Schule. Hier hat Anton Kolig durch Vermittlung des kunstsinnigen Direktors ab 1943 in einem Klassenzimmer sein Atelier gehabt, aber nach den Jahren in Stuttgart war ihm der Ort fremd geworden, in Briefen hat er sich immer wieder drastisch beklagt: »Das Leben mit den Eingeborenen ist nicht leicht, denn mit Kühen und Ochsen kannst du nur übers Futter hin ins Gespräch kommen … Unter Bauern, Hirten und Jägern ist wirklich kein Platz für mich.« Die so titulierten »Eingeborenen« haben es aber erstaunlich gelassen hingenommen, dass Kolig auch in Nötsch nicht von seinen bevorzugten Modellen lassen konnte. Denn ähnlich Thomas Mann hat auch Anton Kolig eine große Familie wie einen Schutzwall um sich geschart, seine Frau Kathi, die Schwester von Franz Wiegele, und fünf Kinder. Aber Tausende Aktzeichnungen und eine Vielzahl von Gemälden belegen das Thema seines Lebens, die Begegnung mit Jünglingen, ob Studenten an der Akademie, Soldaten im Krieg oder Kärntner Bauernburschen. Der Kunsthistoriker Otmar Rychlik hat Modelle aus Koligs letzten Lebensjahren in Nötsch befragt, als sie schon alte Herren im Pensionsalter waren, und sie beschreiben alle das angenehme Gefühl, von dem berühmten Künstler fast wie Erwachsene behandelt worden zu sein. Abhängigkeiten werden nicht direkt angesprochen, aber eine Nötscherin, die damals zur Schule gegangen ist, kann sich noch gut erinnern: »Der Herr Kolig hat von seinem Atelier im Klassenzimmer im ersten Stock ja direkt auf die Wiese runterschauen können, wo die Buben Fußball gespielt haben. Und wenn ihm einer gefallen hat, dann hat er den halt holen lassen.« Im November 1948 schreibt Kolig: »Denn Hunde, welche malen, beißen nicht!« Hoffentlich war es so.

»Heute sehe ich vieles mit anderen Augen«, sagt Monika Thyssen-Mahringer, die ich am nächsten Tag in St. Georgen bei Nötsch besuche. »Und ich kann verstehen, warum die Tante Kathi, die Frau vom Kolig, immer so grantig war.« Wir sitzen im Arbeitszimmer ihres Vaters Anton Mahringer, der 1974 als Letzter der Gruppe gestorben ist, aber in dem gemütlichen Raum ist kein Blatt verrückt worden, auf der Staffelei steht noch die unvollendete Landschaft, an der Mahringer bis zum Schluss gearbeitet hat. Monika Thyssen-Mahringer ist eine liebenswürdige alte Dame, die beim Erzählen ein Strahlen umgibt, als ob ihre glückliche Kindheit noch immer andauern würde: »Für mich und meine Geschwister war es völlig normal, in einem Künstlerhaushalt aufzuwachsen. Wir haben es eher komisch gefunden, wenn Väter arbeiten gegangen sind. Dass wir arm waren, das habe ich erst sehr viel später begriffen.« Immer geduldig und ausgeglichen sei er gewesen, der Vater, aber Anton Mahringer hat auch mit großer Unerbittlichkeit sein Lebensziel verfolgt. Die Kunst würde für ihn immer an erster Stelle stehen, hat er seiner späteren Frau geschrieben, das müsse sie akzeptieren, sonst könne er nicht heiraten. Die Ehe ist glücklich geworden, Vater und Mutter seien »wie zwei Apfelhälften« gewesen. Von 1939 bis 45 musste auch Mahringer Kriegsdienst leisten, er unterrichtet Zeichnen an der Hauptschule im nahen Hermagor und die Familie verfügt endlich über ein regelmäßiges Einkommen. Nach Kriegsende will man ihn als Lehrer behalten, aber der Familienvater lehnt ab und entscheidet sich erneut für ein Dasein als freier Künstler. »Ohne Malen hätte er nicht leben können«, sagt die Tochter ohne Vorwurf in der Stimme. »Es gibt niemanden, der die Landschaft hier mehr empfunden hätte als er, auch die Einheimischen nicht.« Wieder und wieder hat der »Zugereiste« den Blick aus seinem Fenster gemalt, die Julischen Alpen, das Gailtal zu allen Jahreszeiten: »Gestern entdeckte ich ein herrliches Motiv und zwar am Anfang des roten Grabens. Das große Schuttfeld mit Bach, dahinter Hochwald. Die Schutthalden in ganz klarem rotviolett. Den Wald smaragdgrün bis Schwarz. Dazwischen eine helle kalte Hauswand. Muss sehr schön sein, wenn ich dies herausarbeiten kann. Dies ist mein nächstes Bild.«

Wenn er dann mit seiner Staffelei unterwegs war, ist für Mahringer die Welt rundum versunken. »Einmal hat er meinen Bruder und mich mitgenommen und wir haben einen ganzen Acker voller Runkelrüben ausgerissen, aber der Vati hat nichts bemerkt. Bis der Bauer die Gendarmerie geschickt hat, dann musste er Strafe bezahlen, obwohl kein Geld da war.« Heute würde wohl jeder Bauer in der Umgebung mit einem kleinen Blatt von Mahringer als Entschädigung hochzufrieden sein, »aber früher hat es immer nur geheißen, ach Gott, diese Maler da in Nötsch«. Monika Thyssen-Mahringer erzählt, ihr kleiner Enkel lugt um die Ecke und überreicht schüchtern frische Erbsenschoten aus dem Garten. Dann machen wir noch einen Rundgang durch die Räume, die Farben der Gemälde bringen selbst dunkle Winkel zum Glühen. Vor dem Porträt eines Mädchens mit Puppe bleiben wir stehen. Das Mädchen sitzt auf einem Stühlchen und hat eine unverwechselbare Stupsnase, ich blicke die Frau neben mir fragend an und die lacht und nickt. Ob sie sich noch an die Puppe erinnern kann? »Natürlich«, sagt Monika Thyssen-Mahringer, »das war der Jürgen. Dem armen Kerl habe ich sogar die Augen eingedrückt, weil ich wissen wollte, wie das alles funktioniert.«

Von St. Georgen führt die Straße bergab wieder nach Nötsch, die Karnischen Alpen Richtung Süden funkeln rosagolden im Licht des späten Nachmittags. Diesen Blick haben 1937 auch zwei weltberühmte Flitterwöchner genossen, nämlich der Herzog und die Herzogin von Windsor, vormals Mrs. Wallis Simpson. Nachdem Edward VIII. aus Liebe zu der zweimal geschiedenen Amerikanerin auf den englischen Thron verzichtet und damit für den gesellschaftlichen Skandal des Jahrhunderts gesorgt hatte, war das Paar auf der Suche nach einem möglichst diskreten Ort und fand so das kleine Schloss Wasserleonburg, das malerisch auf einem Berghang über Nötsch liegt. »Dieser hohe Besuch bedingte große Sicherheitsvorkehrungen, zu welchem Zwecke dem Posten 18 Beamte zugeteilt wurden. Auch ein Feldtelephon wurde verlegt«, heißt es in der Gendarmerie-Chronik. »Über das Aussehen und Benehmen der Beamten, die ihn zum Großteil in Zivilkleidung bewachten, hat sich Seine Königliche Hoheit persönlich orientiert und hierüber große Zufriedenheit ausgedrückt.« Die Nötscher Gendarmen hatten also ihre Schuhe ordentlich geputzt und auch sonst alles im Griff, selbst die angereisten Presseleute und Fotografen: »Filmoperateure wurden abgewiesen.« Man mag sich nicht ausmalen, was für einen Rummel ein abgedankter Charles mit seiner Camilla im idyllischen Nötsch ausgelöst hätte, aber 1937 konnte das hohe Paar noch ungestört die Umgebung genießen: »Der Herzog unternahm gerne Bergwanderungen und zeigte eine große Ausdauer beim Gehen. Das Niederschießen des Wildes war ihm nicht gegeben, weil er die Tiere liebt.«

Da fühle ich mich dem Herzog gleich seelenverwandt, und einen Berg gedenke ich auch zu besteigen, zum Auslüften nach der vielen Kunst. Doch am nächsten Morgen ist der Himmel voll grauer Wolkenpolster, aus denen es leise tröpfelt, frierend wandere ich zum Bahnhof, wo eine Nötscher Damenrunde höchst fidel auf den Regionalzug wartet. Die Wortführerin erzählt gerade in breitestem Gailtalerisch von Amerika, mich plagt wieder einmal die Neugierde. Ob sie drüben auf Besuch war? »I leb scho vierzig Jahr auf Long Eiländ!« Dann senkt die Dame die Stimme, wir rücken alle ein bisschen näher. »Wisst's ihr, was die Weiber in Amerika mochen? Ha?« Wir schütteln den Kopf, zum Glück hat der Zug Verspätung. »Die bestellen sich a Kladl im Katalog, dann ziehen sie's a paarmal an und dann – schicken sie es wieder zruck!«

Halleluja, die Nötscher Damenrunde schlägt die Hände zusammen vor lauter Empörung über diese skrupellosen Amerikanerinnen, wir können uns kaum fassen. Alle schütteln den Kopf und grübeln still vor sich hin, dann meldet sich eine Nötscherin im selbst gestrickten Janker schüchtern zu Wort: »Geht des auch mit an Brautkladl? Weil die Tochta von meiner Schwesta heirat' nächsten Monat!« Jetzt bricht Kirtagsstimmung am Bahnhof aus, brave Nötscherinnen müssen so lachen, dass ihnen die Tränen über die Wangen kullern, kopfschüttelnd lässt uns der Zugbegleiter vom Regionalexpress einsteigen. Die Damen fahren weiter bis Villach, ich muss schon in Arnoldstein wieder in den Nieselregen hinaus. Im Espresso am Bahnhof spendiere ich mir einen Cappuccino mit Mandelplätzchen zum Aufwärmen, die Männer an der Theke können es kaum glauben, dass sich eine Journalistin aus Wien für ihre Gemeinde interessiert. »Früher hätten's kommen müssen, wie noch nit die EU war. Da sind die alten Bäuerinnen zum Markt nach Tarvis gefahren und haben auf dem Rückweg italienische Schuh unterm Rock geschmuggelt. Oder man hat die alten Schuh einfach zum Fenster hinausgeworfen und gschwind die neuen angezogen, wenn die Zöllner gekommen sind, der ganze Bahndamm war voll damit. Zwölf Tankstellen hat's gegeben im Ort, die Kolonnen bis zur Grenze waren kilometerlang, jeden Tag. Aber jetzt fahren alle durch, kein Geschäft mehr nit. Wenigstens kommen a paar Italiener, weil's bei uns noch rauchen dürfen zum Kaffee.« Mein Vorhaben, aufs Dreiländereck zu wandern, wird wenig goutiert. »Da sind so viele Leut' verschwunden unterm Tito, a jungs Dirndl ist verschleppt worden beim Blaubeerpflücken, man hat nie mehr was ghört von ihr.« Mir macht eher der viel beschriebene Karawanken-Pezi Sorgen, ein Braunbär, der alljährlich das Sommerloch mit seinen Untaten füllt, aber Herr Adi beruhigt mich: »Der bleibt allweil brav in Slowenien drüben.«

Mittlerweile regnet es sowieso so heftig, dass an einen Aufstieg nicht zu denken ist, sogar der Sessellift hat seinen Betrieb eingestellt. Aber dann macht man netterweise eine Ausnahme und mit Bergführer Dietmar darf ich hochschaukeln. Es riecht nach Schwammerln und nassem Gras, Nebelfetzen ziehen vorüber wie Geisterschiffe in einem Piratenfilm, die Szenerie erinnert ein bisschen an Jurassic Park. Vor Ungeheuern brauche ich mich aber nicht zu fürchten, beruhigt mein Begleiter, für Bären ist im Dreiländereck sogar ein eigener Tunnel mit EU-Geldern finanziert worden. Ich schaue möglichst tapfer drein, schlimmstenfalls kann ich einen Bären ja mit Mannerschnitten zu besänftigen versuchen, aber diesen Plan behalte ich lieber für mich. Der unerschrockene Dietmar führt den ganzen Sommer über Touristen auf die Kärntner Berge, auf die Gerlitzen beim Ossiacher See, den Verditz und die Anhöhen rund um seine Heimatgemeinde Himmelberg. Mit Gruppendynamik hat er so seine Erfahrungen gemacht, ganz ohne Psychologiestudium, und mit ehrgeizigen Hobbyalpinisten: »Die meisten haben nur ein paar Tage Zeit und wollen dann möglichst viele Gipfel abhaken. Das ist doch bloß Stress statt Urlaub.« Aber da geraten sie beim Dietmar sowieso an den Richtigen: »Der Schwächste ist immer das wichtigste Glied in einer Gruppe, anders funktioniert das nicht am Berg. Der Rest muss warten.«

Oben auf dem Dreiländereck in tausendfünfhundert Metern Höhe peitscht der Regen und meine Nase ist bestimmt schon so rot wie ein Fliegenpilz, und trotzdem ist es wunderschön. Wie beim lieben Gott oder beim Kärntner Tourismusverband bestellt, reißt der Himmel plötzlich auf und der Dobratsch gegenüber scheint zum Greifen nah, inklusive Fernsehsender und Europas höchstem Bergkircherl. »An klaren Tagen kann man bis zum Wörthersee sehen«, sagt der Dietmar bedauernd, dann stapfen wir los, »grenzüberschreitendes Wandern« ist angesagt. Vorbei an alten Bunkeranlagen und einem verrotteten Holzboot, das hier im Gebirge grotesk gestrandet und nun von wildem Thymian schon beinahe gänzlich überwuchert ist. Über Forstwege, die von italienischen Soldaten im Zweiten Weltkrieg angelegt worden sind, glücklicherweise haben hier oben kaum Kämpfe stattgefunden und die jungen Männer haben stattdessen die Kapelle »Maria della neve«, Maria im Schnee, errichtet, wo noch immer Messen abgehalten werden. Völkerverständigung ist angesagt, am Dreiländereck stolpert man ununterbrochen über Friedenssteine, Friedensbäume und den Frieden beschwörende Inschriften: »Hier treffen sich die Sprachgrenzen dreier Volksgruppen, der Romanen, Slawen und Germanen«. Etwas erschrocken über soviel Pathos weiche ich einen Schritt zurück. »Jetzt stehst schon in Slowenien«, sagt der Dietmar, und freut sich über mein verblüfftes Gesicht. Dann wandern wir zurück, durch Arnika und Johanniskraut, verblühten Almrausch und Enzian, Regen schwappt aus meinen Schuhen, der Mann neben mir singt ein Kärntner Lied. Beim Sessellift begegnen wir dem

Pächter des Bergrestaurants, der gerade Kisten mit Bier in einen alten Jeep hievt. »Ein Hotel wär halt wichtig für uns alle da in der Gegend, drunten an der Talstation. Können Sie das nicht schreiben?« Ich verspreche es, geschmeichelt und fast gerührt von so viel Vertrauen in meine Wichtigkeit.

Müde und in trockenen Jeans und Socken sitze ich am Abend bei Frau Wiegele. In dem schönen hellen Raum gleich neben der Backstube, wo sich das ganze Leben des Hauses zu bündeln scheint, Franz Wiegele ist in diesem Zimmer zur Welt gekommen. 1944 ist er mit seiner Mutter und seiner Schwester nur wenige Meter entfernt in der Werkstatt von amerikanischen Bomben getötet worden, auch Anton Kolig mit seiner Frau ist bei diesem Angriff schwer verletzt worden. Bis heute ist ungeklärt, warum die Amerikaner ausgerechnet auf Nötsch einen Bombenhagel regnen ließen, an diesem 17. Dezember, manche glauben, weil sich die Dachfenster vom Atelier in der Wintersonne spiegelten. Aber das ist alles lange her, die Frau Wiegele kocht einen Kaffee gegen die Müdigkeit und erzählt lieber, wie alles angefangen hat: »Nötsch hat ja früher nur das sündige Dorf geheißen, die Bauerntöchter aus der Umgebung haben die Bäckerei nicht einmal betreten dürfen! Weil da im Haus doch die Bilder mit den vielen Nackten gemalt worden sind und natürlich wegen dem Franz, damit sie dem nicht in die Hände fallen, der war ja kein Kostverächter. Und dann wollt ich ausgerechnet seinen Neffen heiraten. Die Mutter hat mir so eine Ohrfeige gegeben, die spür ich heute noch. Kannst du denn nicht einen Eisenbahner heiraten, hat sie gerufen. Aber ich war ja blind vor Liebe!«

Aus kleinen Verhältnissen im Nachbardorf Saak ist sie gekommen, und hat sich erst einleben müssen in die fremde Welt dieser Familie: »An allem ist gespart worden, an der Butter aufs Brot, der Kaffee hat müssen ein paarmal aufgegossen werden. Aber für die Kunst war immer Geld da.« Ganz besonders beeindruckt hat sie der Schwiegervater, der als Bäcker viele Jahre den malenden Bruder Franz und Schwager Anton samt Familie großzügigst unterstützt hat: »Der war ja selber ein Talent, aber es hat eben nur einer die Kunst zum Beruf machen können. Mein Schwiegervater hat das immer verstanden, dass er den anderen beistehen muss, ganz ohne Neid und Bitterkeit, das war so wie bei den Van-Gogh-Brüdern. Aber es ist ihm zu wenig Ehre dafür widerfahren.« Vorgestern noch ist mir die Frau Wiegele wie eine Figur von Wilhelm Busch erschienen, jetzt sitzt sie da wie eine Nötscher Peggy Guggenheim und erzählt von Galeristen und Museumsdirektoren, die bei ihr eine Kirchtagssuppe essen, vom heiklen Umgang mit Kunstwerken: »Beim Hängen musst ganz besonders aufpassen. Bilder kann man töten mit einer schlechten Hängung.« In ein paar Stunden wird sie wieder aufstehen und in die Backstube gehen, »weil wir leben ja nicht von der Kunst, sondern vom Handwerk. Kunst kostet nur.« Ans Verkaufen eines Bildes mag sie nicht einmal denken, »das sind alles meine Kinder geworden. In diesem Haus passiert etwas, mit einem selbst und der Kunst.« Jetzt ist es aber wirklich spät geworden, wir müssen beide morgen früh raus. »Wissen S' was, jetzt kommen S' noch rasch zu mir rauf«, sagt die Frau Wiegele. Also gehen wir über die breite Treppe in den ersten Stock und die Frau Wiegele führt mich in ihre Wohnung und in ihr Zimmer, das eigentlich nur eine Kammer ist. Über dem Bett hängen Bleistiftskizzen zur »glücklichen Familie«, im Wohnzimmer hängt das Original, ohne Lichtschranken und Panzerglas, und macht den ganzen Raum zum Fest.

Am nächsten Morgen stehe ich am Bahnhof von Nötsch und warte auf den Regionalzug, mutterseelenallein. Nur ich und mein Rucksack und mein Koffer. Und ein kiloschwerer Laib Vollkornbrot, ein Butterstriezel und zwei Schaumrollen. Das müsste bis Wien reichen, meint die Frau Wiegele.

Frigga – Von alten Gerichten und modernen Problemen

Vom Slowenischsein und vom Windischsein. Und ein Gespräch über Pilze

Im Jahr 1485 Anno Domini reiste der Gesandte Paolo Santonino gemeinsam mit dem Bischof von Caorle durch die Täler Südkärntens zwischen Friaul und Krain und hielt in seinem Tagebuch das Alltagsleben des Mittelalters an der Schwelle zur Neuzeit fest. Scharfzüngig berichtet er vom Pfarrer Adam, der, »damit sein Geschlecht nicht aussterbe, Nachkommenschaft gezeugt hat«, oder vom Burghauptmann, dem bei einer Firmung die Backenstreiche des Bischofs zu schwach erschienen, worauf er die Firmlinge eigenhändig gleich noch einmal ohrfeigte. In Hermagor ließ es sich die Gemahlin des Burghauptmannes nicht nehmen, dem Gast »den ganzen Leib, hinunter bis zum Bauch mit ihren weißen Händen zartest abzureiben«. Menüs mit acht bis elf Gängen waren fast täglich zu verkraften, man schmauste Gepfeffertes von jungen Bären und Ziegenfleisch in safrangelber Suppe, zum Abschluss wurden gerne Honigwaben gereicht. Nur ganz selten musste man sich im weglosen Bergland mit einem gebratenen Siebenschläfer begnügen.

Die Speisen und Lieblingsgerichte eines Landes erzählen immer auch von seiner Geschichte. In Kärnten, wie könnte es anders sein, berichten sie von slawischen und italienischen Einflüssen, vom

Süden, der auf der Zunge zergeht. Und vom Geschick der kleinen Leute, selbst aus den »Abfällen« der hohen Herren einen schmackhaften Eintopf zu zaubern. So ist die berühmte Kirchtagssuppe entstanden, für die alles in den Topf geworfen wurde, was in der Vorratskammer verfügbar war. Für die Klachlsuppe sind die Schweinshaxen verkocht worden, in die Schlickkrapfen sind gehackte Innereien gefüllt worden, in die Kärntner Nudeln Topfen und Minzeblätter, in die süßen Kletzennudeln eine Masse aus getrockneten Birnen. Zu Ostern wurde und wird der berühmte Reindling serviert, Germteig mit Zucker, Zimt und Rosinen verfeinert, zu einem Strang gedreht und in einer »Rein«, also einer schlichten Topfform, gebacken.

Speisen erzählen aber immer auch von der eigenen Kindheit. Jeder kennt wohl das Gefühl, ein Duft nach Braten oder Keksen streift dich beim Vorübergehen, und plötzlich sind hundert Erinnerungen da. Der Klagenfurter Verleger Lojze Wieser hat ein sehr persönliches Buch über die Gerichte seiner Kindheit geschrieben, »Kochen unter anderen Sternen. Geschichten von entlegenen Speisen«. Darin erzählt er von sauren Rüben und Kartoffeln in der Glut, vom Sauschlachten und Wurstkochen, dem Geschmack von Lammaugen (wie hart gekochte Eier), vom Hunger und von den Festtagen, für die schon Wochen vorher gesotten und gebraten und gebacken wurde. Und natürlich von der Polenta, dem gelben Maisgries, dessen Duft beim Kochen nicht jedermanns Nase schmeichelt. Der dicke, gelbe Brei hat in weiten Teilen des Landes oft genug die Semmel zum Frühstückskaffee ersetzen müssen, noch heute schütteln sich meine Kärntner Freundinnen in Wien bei dieser Erinnerung. Polenta hat aber auch den Magen gefüllt, das haben sich die Holzfäller zunutze gemacht, der Lojze Wieser berichtet davon. Vom Onkel, der jeden Sonntagabend in den furchteinflößend finsteren Wald aufgebrochen ist, mit einem voll bepackten Rucksack auf dem Rücken, und erst am Samstag hundemüde heimgekommen ist. Im Rucksack sind das Werkzeug gewesen und die Zutaten für sämtliche Mahlzeiten im Wald, die »Jausen«. Ein Laib Brot, Speck, Käse und eben die Polenta, die am ersten Abend vorgekocht wurde für die ganze Woche. In der Kälte am Morgen haben die Männer dann auf einem offenen Feuer den Speck zerlassen, darin den Maisbrei mit Käse verrührt und angebraten, bis ein schönes braunes *Krustl* entstanden ist. Dazu Kaffee oder Milch, das musste reichen für den langen Tag voll schwerster Arbeit, Woche für Woche, Jahr um Jahr, ein ganzes Leben lang. Frigga haben die Holzfäller diese Speise genannt, die aus dem Friaul stammt.

Und Frigga will der Lojze Wieser auch für mich kochen, eine wahrhaft freundliche Einladung, ihre Zubereitung wird garantiert die Küche verrauchen. Dazu wollen wir über sein Leben reden, über die lange Reise aus dem Dorf Tschachoritsch bei Klagenfurt bis zur Frankfurter Buchmesse, und übers Slowenischsein. Denn was viele in Kärnten abgestreift haben wie einen klammen Mantel, das hat der Lojze Wieser zum bestimmenden Thema seines Lebens gemacht, seine Herkunft und seine Muttersprache. Das erste Mal treffe ich ihn im plüschig roten Pomp des »Café Landtmann« an der Wiener

Ringstraße, gegenüber von Rathaus und Universität, gleich daneben liegt das Burgtheater. Hier verkehren die Mächtigen der Republik, der Verleger Lojze Wieser grüßt sie alle mit großer Geste und ich denke mir, dass er früher gut einen Renaissencefürsten abgegeben hätte oder einen Reformator, der noch auf dem Scheiterhaufen die Faust zum Himmel ballt. Das zweite Mal treffe ich ihn in seinem Haus in Klagenfurt, der Lojze Wieser steht im Türrahmen und trägt eine Schürze um den Bauch gewickelt. Gemütlich ist es in der Küche, die Sitzecke mit dem Esstisch ist holzgetäfelt wie im Dorfwirtshaus, auf dem mächtigen schwarzen Herd blubbert ein Wassertopf. Bücher stapeln sich in allen Ecken und Winkeln, Manuskripte, Zeitschriften, Übersetzungen, und kunden von der Besessenheit des Hausherrn. Sprachen lernen gilt gemeinhin als Schlüssel zur Welt, als Mittel für die Karriere, heute mehr denn je. Aber viele Kärntner haben es nach dem Zweiten Weltkrieg anders erlebt, haben ihre Spreche verleugnen gelernt, um den sozialen Aufstieg nicht zu verpassen. Über vierzigtausend haben sich bei der Volkszählung von 1951 zur slowenischen Volksgruppe bekannt, deren Rechte im Österreichischen Staatsvertrag festgeschrieben sind, bei der Zählung von 2001 waren es nur noch vierzehntausend. Lojze Wieser ist 1954 geboren und 1960 in die Schule gekommen: »Die Mutter von unserem Direktor hat kein Wort Deutsch gesprochen, das waren alles Slowenen. Aber mit uns hat er nur auf Deutsch gebrüllt. Deutsch musst lernen, Slowenisch bringt doch nix, hat es immer geheißen. Mein Cousin und ich sind die Einzigen gewesen, die am

Nachmittag in den slowenischen Sprachunterricht gegangen sind. Das war wie Nachsitzen, so kann man eine Sprache schlecht machen.« Schon der Schüler Wieser dürfte ein ziemlicher Dickschädel gewesen sein, denn die Ermahnungen der Lehrer haben wenig gefruchtet. »Bei mir ist damals unbewusst das Gefühl entstanden, dass Sprache etwas ganz Wesentliches sein muss. Darum hat sich so vieles gedreht.« Ein Politiker, der nur Deutsch gesprochen hat, wird vom Schlaganfall niedergestreckt und versteht plötzlich nur mehr Slowenisch, die Sprache seiner Kindheit. Man muss den Großvater vom Lojze Wieser holen zum Dolmetschen. Solche Begebenheiten kann man verdrängen, vergessen, oder aber zur Weggabelung für den eigenen Lebenslauf machen: »Ich habe mir vorgenommen, dass ich mich von Sprache nicht einschüchtern lasse.« Slowenisch hat bis in die jüngste Gegenwart den Makel, eine »Dienstbotensprache« zu sein, die Sprache der Knechte. Zu Hause redet man Slowenisch, aber dann steigt man in den Zug zur Arbeit nach Klagenfurt und spricht Deutsch, auch wenn der Sitznachbar der slowenische Nachbar aus dem Dorf ist. »Im öffentlichen Raum redet man besser nicht Slowenisch.« Als ob das nicht schon reichen würde an Ausgrenzung und Abgrenzung, wird im Land immer noch heftig über das »Windische« diskutiert. Die Frage des Verhältnisses des Windischen zum Slowenischen ist manchmal Gegenstand von Polemik, heißt es auf einer Wikipedia-Seite lakonisch. Ursprünglich hat der Ausdruck auf eine slawische Besiedelung hingewiesen, Beispiele sind Orte wie Windischberg in Kärnten oder Windischgarsten in

Oberösterreich. Kaiser Franz Joseph war neben unzähligen anderen Titeln auch »Herr von Triest, von Catarro und auf der Windischen Höhe«. Außerdem ist Windisch die gängige Bezeichnung für den slowenischen Dialekt, wie er am südlichsten Rand von Kärnten gepflogen wird. Aber in der jüngsten Vergangenheit ist der Ausdruck in Misskredit geraten, Windisch kann auch eine abwertende Bezeichnung für jene sein, denen man deutschfreundliche Gesinnung bis zur Selbstaufgabe vorwirft. Was nur wenig hilft, der Schriftsteller Engelbert Obernosterer hat es am Beispiel der Kochkünste einer unerwünschten Schwiegertochter beschrieben: »Die Hausleute löffeln die Sache wortlos in sich hinein. Die ganze windische Gegend mit ihren verwahrlosten Gehöften und der Schlampigkeit rund um die Häuser meinen sie darin zu schmecken … Durch alle noch so netten Gespräche über Garten und Schneckenplage schauen sie durch, ins Windische hinab, von wo die Person ja gekommen ist und wo sie sie wieder hinwünschen.«

Viel zu viele haben sich verbogen und ihre Wurzeln verleugnet, weil sie zur Mehrheit gehören wollten oder weil sie schlicht und einfach Arbeit gesucht haben. »Red deitsch« war ein geflügeltes Wort auf Baustellen und in Fabriken, stets verknüpft mit der Frage »Bist a Windischer oder a Slowene?« Deshalb gibt es auch so viele Sturköpfe und Sonderlinge im Land, die nach außen bloß ruppig wirken, um ihre Traurigkeit und Enttäuschung zu verbergen, meint mein Gastgeber. Slowenische Männer und Frauen haben an vorderster Front gegen das Hitlerregime gekämpft, aber der Dank ist ausgeblieben. »In Frankreich wird die Résistance in höchsten Ehren gehalten, aber hier bist ein Verräter, wenn du im Widerstand warst.« Das dunkle Kapitel der Arisierungen wird heute im ganzen Land endlich aufgearbeitet, aber das Unrecht, das in Südkärnten geschehen ist, bleibt weiter unter dem Teppich. Slowenische Familien wurden vertrieben, ihre Höfe enteignet, stattdessen Deutschstämmige aus dem Kanaltal angesiedelt. Das ist gerade mal ein paar Jahrzehnte her, aber die wenigsten wollen davon noch hören. Und doch … es ist etwas im Gange im Land, sagt Lojze Wieser, die Rahmenbedingungen ändern sich zum Glück. Dann verbessert er sich: »Das muss man anders formulieren, Rahmenbedingungen. Ein Wort, das mehr als vier Silben hat, kann kein gutes sein. Sagt der Peter.« Der Peter ist Peter Handke, mit dem er seit vielen Jahren freundschaftlich verbunden ist. Vor ein paar Tagen haben sie wieder einmal gemeinsam gelesen, im neu eröffneten Museum in Neuhaus / Suha, auf Deutsch und Slowenisch, und anschließend ist eine Frau aus dem Publikum gekommen und hat ganz empört gemeint, dass alles ganz anders gewesen ist, damals. Die Slowenen seien doch in Wirklichkeit kommunistische Partisanen gewesen, Frechheit, das glauben Sie doch selber nicht, was Sie da vortragen! So gehen die Risse durchs Land und wollen nicht heilen.

Der Zeiger rückt vor und uns beginnt der Hunger zu plagen. Der Lojze Wieser verfeinert das schlichte Frigga-Rezept des Onkels auf seine Art, mit dreierlei Käse und Speck, den wir in den Keller holen gehen. Dort sind wahre Schätze aufbewahrt, selbst gemachter Essig und feinstes Olivenöl, fünf Jahre alter Ziegenkäse aus der Toskana, ich darf daran schnuppern und bewahre tapfer Fassung. Von der Decke baumeln riesige Knochen, die wie abgenagt aussehen. »Das sind drei Messen«, erklärt ihr Besitzer stolz, »zweimal die Frankfurter und einmal die Leipziger Buchmesse, dort gibt's immer frisch geschnittenen Prosciutto an unserem Stand. Jetzt werd ich sie irgendwann einmal für eine Suppe zerhacken.« Denn der Lojze Wieser hat seine Sprachbesessenheit zum Beruf gemacht und vor zwanzig Jahren einen eigenen Verlag gegründet. Im Wieser Verlag sind bisher fast achthundert Bücher erschienen, hauptsächlich Übersetzungen aus Ost- und Südosteuropa. Keine geringe Leistung, wenn man bedenkt, dass 1980 noch kein einziges slowenisches Buch ins Deutsche übersetzt war. Wir steigen wieder nach oben, eingehüllt in Käseduft. Mein Gastgeber greift zu einem gefährlich scharfen Messer und beginnt den Speck klein zu schneiden, dazu muss die Polenta ständig umgerührt werden, damit sie ja nicht anbrennt. Dann wird alles gründlich vermischt, der gelbe Brei und der geriebene Käse und der kleinwürfelige Speck, und in eine schwere Pfanne umgefüllt. Jetzt heißt es warten, wir gehen noch rasch in den Garten, um frische Kräuter zu holen. Mein Gastgeber säbelt ab, was da ist, Bohnenkraut und Liebstöckl, Thymian und Oregano, Isopp und Estragon und Minze. Beeindruckt stehe ich neben dem Beet, als Stadtkind kenne ich bloß Petersil und Schnittlauch aus dem Supermarkt. Eine Katze kommt angeschnurrt und wird auf Slowenisch begrüßt, dann kehren wir alle drei zurück in die Küche, in der es dampft und brutzelt. In welcher

Sprache träumt man eigentlich, in der Sprache der Kindheit oder in der, die man täglich spricht? »Wenn ich traurig bin, dann bin ich eher slowenisch«, sagt der kochende Herr Verleger.

Ich setze mich wieder an den Tisch, der Lojze Wieser wandert durch den Raum und erzählt, was er noch alles vorhat. »Wir brauchen unbedingt eine ›Adoptivsprache‹ neben der Muttersprache. Es kann doch nicht sein, dass tausendfünfhundert englische Wörter für eine europäische Verständigung genügen sollen, das wird nämlich ernsthaft diskutiert. Sprache hat auch mit dem Respekt zu tun, den man dem anderen entgegenbringt. Die meisten Computerprogramme besitzen ja nicht einmal Sonderzeichen, um eine E-Mail in slawischen Sprachen abzuschicken.« Deshalb träumt der Verleger Wieser davon, Europa mit Wörterbüchern zu vernetzen, Schritt für Schritt, Sprache für Sprache, x mal y, ergibt bei geschätzten zweihundert Sprachen auf dem Kontinent plus zweihundert Migrantensprachen vierzigtausend Wörterbücher, »das kostet immer noch weniger als eine Bodenrakete«. Mir schwirrt der Kopf von diesem Jahrhundertprojekt, die Frigga-Pfanne brutzelt, ich muss mir kühles Wasser ins Gesicht sprengen. Im Badezimmer hängt ein Zitat von Robert Musil an der Tür: »Denn am Mann gemessen, haben noch ramponierte Frauen verblüffende Schönheiten.« Getröstet kehre ich zurück und helfe den Tisch decken. Dann kommt der entscheidende Augenblick, die Frigga muss mit Hilfe eines Deckels umgedreht werden, damit auch die Oberseite noch schön bräunen kann. Der Lojze Wieser jongliert wie ein Magier im Zirkus und, voilà, da liegt sie, knusprig und zischend, mir läuft schon das Wasser im Mund zusammen. Zum Glück haben sich drei Mitarbeiterinnen aus dem Verlag zum Mitessen angekündigt, zu zweit wäre der Klumpen wohl nie zu schaffen. Ein Schnapserl gefällig? Die Damen aus dem Verlag wehren heftig ab, aber nach den ersten Bissen geben alle klein bei, wir prosten uns zu mit Birnenbrand. Ob sie auch Slowenisch sprechen? Die jungen Frauen schauen ein wenig betreten drein. Nicht wirklich, aber das ist zum Glück kein Hindernis, »am Balkan sprechen alle ganz ausgezeichnet Englisch«. Der Nachtisch wird serviert, Bratäpfel mit selbst gemachter Marmelade und geriebenen Nüssen gefüllt, darüber ordentlich Obers gegossen, so haben sie schon über eine Stunde im Ofen geschmurgelt. Wir reden übers Essen und über Bücher, der Koch strahlt diskret, weil es den Gästen so schmeckt. Dann verabschieden sich die Damen und der Lojze Wieser räumt ab und gießt uns noch einen Schnaps ein und liest ein Gedicht vor, die Katze bringt sich in Sicherheit vor so viel Geschäftigkeit. Ein altes Wörterbuch liegt auf der Bank, babka, babura, babuska, ganz plötzlich fällt mir der Ohrwurm von Kate Bush aus den achtziger Jahren ein und ich lese mich fest, während mein Gastgeber Kaffee kocht. Bábica, die Großmutter, die Hebamme, das Weibchen aller kleineren Vögel, die leere Buchweizenhülle, die Schraubenmutter, die Matritze, das Haftelöhr, der Dengelstock, die Mandel, was für eine Fülle an Sprache, nur ein Wort reicht für ein ganzes Gedicht.

Das Telefon läutet: »Servus Peter!« Peter Handke ruft an aus seinem Refugium bei Paris und erzählt, dass er siebzehn Steinpilze gefunden hat. »Wie hast sie zubereitet? Ahh, mit Petersil und Brot, das klingt fein!« Die Herren plaudern noch ein wenig, dann verabschieden sie sich und ich wage eine kritische Anmerkung zum berühmten Dichter, der doch immer wieder erstaunliche Positionen bezieht, höflich ausgedrückt. »Ich bin einer, der sich für die verlorene Sache einsetzt«, hat er im Gespräch mit dem deutschen Journalisten Gero von Boehm gemeint, der den Kärntner auf sein Engagement für Serbien angesprochen hatte, und dazu kundig Pilze aus dem Waldboden bei Paris gepflückt. Klingt das nicht fatal nach den Treueschwüren der Heimatverbände? Aber auf den Freund lässt Lojze Wieser nichts kommen, der Dialog muss eben auf vielen Wegen gesucht werden, »sonst gibt es nur Idioten, die da eine Burg bauen und dort eine und sich dann bloß in ihrer Dumpfheit verstehen«. Auf seiner letzten Balkanreise ist er an der bulgarischen Grenze angehalten worden, das Auto voll bepackt mit Büchern. Die Zöllner haben misstrauisch alles durchgeblättert, aber er konnte ihnen eine Übersetzung ins Bulgarische zeigen, so etwas haben die überhaupt nicht gekannt. »Wir hören von den Bulgaren doch nur, wie korrupt ihr Staat ist. Aber was für eine unwahrscheinlich schöne Literatur sie besitzen, das wissen wir nicht.« Die Zöllner waren so gerührt, dass da einer kommt und sich für ihre Gedichte interessiert, sie haben ihn durchgewunken wie einen Ehrengast.

Zeit, sich zu verabschieden. Mein Gastgeber ist ja auch Professor geworden, das fällt mir jetzt erst ein. Ob er ein bisschen stolz gewesen ist? Der Lojze Wieser grinst übers ganze Gesicht, zum ersten Mal an diesem Tag voll gewichtiger Themen. »Also, das beste an dem Titel war, dass der Udo Jürgens erst nach mir Professor geworden ist. Das hat mich wirklich gefreut.«

Reise durch ein verwundetes Land

Über Griffen und Völkermarkt nach Wolfsberg und Bleiburg. Von Striezeln und Schneidbrettln, die durch die Luft fliegen. Vom Erinnern und Vergessen

Am nächsten Tag fahre ich weiter nach Völkermarkt, um dort das Volksabstimmungsmuseum zu besuchen. Der Lojze Wieser hat ziemlich skeptisch dreingesehen, als ich ihm von diesem Vorhaben erzählt habe, aber ich möchte mir unbedingt auch die »andere Seite« anschauen.

Die wechselvolle Geschichte des Landes Kärnten lässt sich bis zu den Kelten und Römern zurückverfolgen, am Magdalensberg bei Klagenfurt befindet sich eine der größten archäologischen Grabungsstätten der Republik, seit über fünfzig Jahren wird hier eine Siedlung, vermutlich Virunum genannt, ans Tageslicht befördert. Am Zollfeld kann man den Herzogstuhl besichtigen, auf dem im Frühmittelalter die Landesherren Platz nahmen und die Huldigungen des Adels entgegennahmen. Slawische Stämme wandern zu, um 700 wird die Bevölkerung entlang der Drau erstmals als »Carantani« bezeichnet. In den kommenden Jahrhunderten ist das Land stets abseits von Interessen und Investitionen gelegen, eine Grenzregion eben, heimgesucht von Heuschreckenschwärmen und Pestepidemien, Prozessionen von Flagellanten zogen durch die Täler. Kärnten wird zum Armenhaus der Monarchie, während sich in Wien die barocke Pracht entfaltet. Auch die Industrialisierung hält nur langsam Einzug, beim Bau der Staatseisenbahn Wien–Triest wird die Strecke über Graz favorisiert, statt die alte »Hauptkommerzialstraße« durch Kärnten auszubauen. Aber erst durch den Weltkrieg und seine dramatischen Folgen für Europa sind jene Verletzungen entstanden, die sich bis heute wie unsichtbare Risse quer durch Landstriche, Dörfer, ja Familien ziehen.

»Wir sind über Nacht ein Volk ohne Staat geworden«, beschreibt 1918 der Sozialdemokrat Karl Renner den Zustand und das Selbstwertgefühl des deutschsprachigen Rests vom k. u. k. Riesenreich. Die von der Donaumonarchie niedergehaltenen Nationalitäten sehen endlich die Chance auf Selbstbestimmung, am 1. Dezember 1918 wird das Königreich der Serben, Kroaten und Slowenen gegründet, das zu den Siegermächten zählt. Und der neue Staat stellt Forderungen. Südkärnten wird besetzt, von österreichischer Seite stellenweise zurückerobert, aber am 6. Juni 1918 muss sich Klagenfurt ergeben. Alle Hoffnungen auf eine friedliche Lösung richten sich nun auf eine Volksabstimmung. Ein Jahr später, im Oktober 1920, findet die Abstimmung in Zone A, Südkärnten, über einen Verbleib bei Österreich statt. Die Monate vor der Wahl sind von heftigster Propaganda geprägt, uralte Ängste brechen wieder auf, Deutschtum gegen Slawen, wie unheilvolle Vorboten des Krieges, der kommen wird. Mit beinahe hundertprozentiger Wahlbeteiligung stimmen am 10. Oktober 1920 genau 59,04 Prozent für Österreich. Fast die Hälfte dieser Stimmen stammt von slowenisch sprechenden Kärntnern, denen die Republik weitgehende Rechte zusichert. Jubel überschwemmt das Land, der 10. Oktober ist seither Landesfeiertag, der mit Pomp und Trara, festlichen Umzügen und weihevollen Ansprachen begangen wird. So steht es in den Geschichtsbüchern.

Und nun fahre ich nach Völkermarkt, das damals zweimal von der einen Seite erobert und von der anderen Seite wieder zurückerobert wurde. Am Jauntal entlang, wo sich der kleine Ort Stein befindet, der pünktlich am ersten Sonntag im Februar von wenigen Pilgern und Tausenden Schaulustigen heimgesucht wird. Dann findet das berühmte »Striezelwerfen« statt, welches auf eine fromme Gräfin Hildegard zurückgeht, die stets ein Herz für Bettler hatte und ihr Vermögen den Alten und Kranken hinterließ. In ihrem Namen werden alljährlich nach dem Gottesdienst kleine Brote unters johlende Volk geworfen, Bettler sind kaum mehr darunter, dafür jede Menge Touristen. Die Hildegard-Striezel sollen vor Irrsinn schützen und das Haus vor Feuer und Dieben bewahren, nur vom Schimmel sollten sie besser nicht befallen werden, das verheißt nichts Gutes. Brave Kärntner, die über Medizinmänner und ihre Amulette nur den Kopf schütteln können, hüten ihre Striezel dementsprechend sorgsam bis zum nächsten Jahr.

Die Stadt Völkermarkt taucht auf, nicht gerade von überwältigender architektonischer Schönheit, dafür voller Jugend, die sich am Busbahnhof drängt und lacht und schubst und herumalbert, ein wohltuender Anblick nach so vielen Gedanken über die Vergangenheit. Ich zwänge mich hindurch, mit Trolley und Taschen und Mappen, zum Glück ist das Stadtmuseum nur ein paar Schritte entfernt, abgekämpft stoße ich die Tür auf und frage den jungen Mann, der vor mir steht: »Ist das hier das Abwehrkampfmuseum?«

Der junge Mann heißt Robert Wlattnig, ist der Leiter des Hauses, und hört meine Frage gar nicht gern: »Wir sind kein Abwehrkampfmuseum, sondern ein Volksabstimmungsmuseum. Kampf, das klingt doch viel zu martialisch.« 1979 ist die Sammlung durch einen Sprengstoffanschlag schwer beschädigt und daraufhin neu gestaltet worden, in der ockerbraunen Ästhetik der achtziger Jahre, die mittlerweile ziemlich antiquiert wirkt. Vergilbte Plakate hängen an den Wänden, »Herrgott, erhalte uns die Kärntner Heimat«, Landkarten und Schwarz-Weiß-Fotos von zerbombten Brücken und Häusern, in den Vitrinen Briefe und Orden und Friedenskrüge. Eine moderne Aufarbeitung wäre dringend notwendig, das weiß auch der Herr Museumsdirektor: »Wenn Schulkassen zu uns kommen, dann fragen sie immer als Erstes: Wo ist der Hitler? Es gibt so viele Missverständnisse, die wir aufklären müssen.« Er selbst schickt seine Kinder in den Slowenischunterricht, genauso wie die meisten Freunde und Verwandte es tun: »Mit zwei Sprachen aufwachsen ist doch Reichtum!« Und trotzdem, trotz allen guten Willens ist die Zersplitterung noch immer da, keine Seite traut der anderen einen Gesinnungswandel zu. Nachbarn haben einander verraten, an die Nazis oder an die Kommunisten, und irgendwann mussten sie und ihre Kinder dann weiter zusammenleben, man trifft sich am Markt und vor der Kirche und muss den ganzen Hass runterschlucken wie einen Knödel, an dem man beinahe erstickt. »Auch die Kinder aus

Täter-Familien schlafen nicht gut, wenn sie wissen, dass der Vater vor vielen Jahren den Nachbarhof geplündert hat.« Solche Sätze sagt Robert Wlattnig in seinem düsteren Museum und schaut dazu drein, als ob er das ständige Aufrechnen von Schuld ziemlich satthätte. »Wir müssen endlich zu einer gemeinsamen Geschichte finden. Vielleicht kommt der Anstoß ja aus Slowenien, die jungen Historiker dort gehen viel unbefangener mit dem Thema um.« Seit der Osterweiterung von 2004 ist die heiß umkämpfte Kärntner Südgrenze keine EU-Außengrenze mehr, stattdessen wird immer öfter der Alpen-Adria-Raum beschworen, ob bei politischen, kulturellen oder kulinarischen Initiativen.

Beladen mit Büchern und Broschüren zusätzlich zu meinem Gepäck kehre ich zum Busbahnhof zurück. Weiter geht es nach Wolfsberg, der Saualpe entgegen. Es hat zu regnen begonnen, die Landschaft fliegt vorbei, dann taucht plötzlich ein Berg wie ein zerklüfteter, weißzerfressener Zaubererhut auf, rundherum Häuschen, das Bild erinnert mich an ein altes Märchenbuch, das ich immer zum Fürchten schön fand. Das ist Griffen. »Mein Scheißheimatort Griffen«, hat Peter Handke im Gespräch mit Gero von Boehm gesagt. »Dort ist der Kegel, wo die Freundinnen meiner Mutter den Himmelsprung getan haben.« Ich starre den Berg an und die schmucken Häuschen an seinem Fuß, wie mag es sich dort wohl leben? Aber die Stimmen rundum lassen kein langes Grübeln zu, es ist September und die Schule hat begonnen, an jeder Haltestelle steigen Schüler ein und boxen sich den Weg zu den hinteren Sitzreihen frei, es wird gekichert und durcheinandergeschrien.

Wohlig gewärmt fahre ich weiter nach Wolfsberg im Lavanttal, über dessen jüngere Geschichte der Historiker Christian Klösch ein bewegendes Buch geschrieben hat, »Des Führers heimliche Vasallen«. Es erzählt von den traurig-grotesken Vorgängen im tiefkatholischen Lavanttal, als Nationalsozialisten 1934 den sogenannten Juliputsch versuchten und damit noch scheiterten. Die Nachricht davon hat sich in den abgelegenen Gemeinden erst mit großer Verspätung verbreitet, das einrückende Bundesheer ist mit herzlichen »Heil-Hitler«-Rufen empfangen worden.

Das Buch ist ein Lehrstück über die Macht des Wissens und die fatalen Folgen von Unwissenheit und Nicht-wissen-Wollen. Die Not der dreißiger Jahre hat mit Zwangsversteigerungen und Arbeitslosigkeit auch in Kärnten die Menschen jenen in die Arme getrieben, die Besserung versprachen und einen Sündenbock zu nennen wussten. In unserer medienvernetzten und informationsüberfluteten Welt ist die blanke Ahnungslosigkeit von damals kaum mehr vorstellbar. Bauern, die kaum des Lesens und Schreibens mächtig waren, haben ihren Söhnen und Knechten befohlen, sich den Nazis anzuschließen. Fabrikanten aus der Region haben ihre Arbeiter für den Putsch freigestellt und bei Weigerung mit Entlassung gedroht. In Lavamünd sind Holzfäller aus dem Bergdorf St. Vinzenz eingetroffen, weil sie glaubten, dass jugoslawische Bauern beabsichtigten, nach Österreich einzudringen. Als sich herausstellte, dass ein nationalsozialistischer Putsch im Gang war, ist der größte Teil der St. Vizenzer wieder ins Dorf zurückgekehrt. Die bäuerliche Jugend hat es lustig gefunden, mit Dünger Hakenkreuze in die Futterwiesen zu streuen, die dann im Sommer sattgrün prangten. Bei der gegnerischen Heimwehr war man mit Empfehlungen ebenfalls nicht zimperlich. »Die Piefke sollen nur wagen, die rot-weiß-roten Grenzpfähle zu überschreiten. Auch wir können Konzentrationslager errichten, wo die Nationalsozialisten hinter Stacheldraht roboten und schuften werden, und dann wird der Traum vom Dritten Reich bald ausgeträumt sein.« Es ist anders gekommen, im März 1938 wurde binnen Stunden der »Anschluss« Österreichs an Deutschland vollzogen. Bei der Volksabstimmung vom 10. April haben im Lavanttal von 25.912 Wahlberechtigten 99,82 Prozent für den Anschluss gestimmt, bei gezählten dreiunddreißig Nein-Stimmen. Aus den sogenannten »Illegalen« sind über Nacht hochangesehene Parteimitglieder der ersten Stunde geworden, so etwa aus dem Wolfsberger Eisenbahnersohn Franz Nowak. 1938 ist er als Mitarbeiter in Adolf Eichmanns »Zentralstelle für jüdische Auswanderung« eingetreten und über Prag rasch nach Berlin ins Zentrum der Macht vorgerückt. Franz Nowak hat ab 1942 pünktlich und gewissenhaft Hunderttausende jüdische Familien in Viehwaggons quer durch Europa ins Gas transportiert, »Ausschwitz war für mich nur ein Bahnhof«, wird er sich nach dem Krieg rechtfertigen. Nach seinem Tod 1983 würdigten ihn die *Unterkärntner Nachrichten*: »Während der Jahre im Zweiten Weltkrieg versah Franz Nowak einen administrativen Dienst in einer Eliteeinheit … Er war einfach ein liebenswerter Mensch und erinnerte in seiner Haltung ein wenig an Karl Kraus.« Durch diesen Franz Nowak ist der junge Geschichtsstudent

Christian Klösch überhaupt erst auf die Idee zum Buch gekommen. Als ihn nämlich 1997 ein Mitarbeiter des Holocaust Memorial Museums in Washington auf seine Heimatstadt angesprochen hat. Ob das jenes Wolfsberg sei, aus dem der »Fahrdienstleiter des Todes« komme?

Christian Klösch hat zu recherchieren begonnen und war bestürzt über die eigene Ahnungslosigkeit: »Das Thema war vollkommen weg. Am Prozess des Verdrängens und Erinnerns ist man eben auch immer selbst beteiligt.« Jahrelang hat er in Prozessakten und Zeitungsarchiven recherchiert, unzählige Gespräche geführt, Bruchstücke der Erinnerung zum Ganzen zusammengefügt. Als er 2007 sein Buch in Wolfsberg präsentiert, kommen Hunderte Menschen, die zum ersten Mal in ihrem Leben von einer Zeit hören wollen, die wie ein schwarzes Loch in ihrem Leben klafft. »Jetzt verstehe ich erst, warum die Sonntage in meiner Familie immer so verlaufen sind«, sagt eine Frau, »so voller Streit und Bitterkeit.« Nach der Lesung kommt ein alter Mann zu ihm und erzählt vom Bruder, der im Juli 1934 als Major des Bundesheeres aus dem Hinterhalt erschossen worden ist. Seit damals ist er auf der Suche nach dem Mörder, hat mit unzähligen ehemaligen Putschisten Kontakt aufgenommen, und findet keine Ruhe. »I weiß, wer's war, irgendwann werd i dir's sagen«, bekommt er zu hören, als ob man ihn quälen wollte.

Nach dem Krieg haben die meisten Zuflucht im Verdrängen gesucht, und kaum jemand hat sie daran gehindert, Nachrufe in den *Unterkärntner Nachrichten* aus den sechziger und siebziger Jahren zeugen davon. Er sei »ein Liebhaber alles Schönen, besonders der Blumen« gewesen, heißt es da über einen hochrangigen ehemaligen Parteigenossen, er habe »die Furchen immer gerade gezogen« über einen Ariseur. Einer Aufarbeitung ihrer Geschichte verweigert hat sich auch die Wolfsberger Lyrikerin Ingeborg Capra-Teuffenbach, ihre Zeile »Wir sind des Führers heimliche Vasallen« hat dem Buch von Christian Klösch den Titel gegeben. Nach 1945 hat sie versichert, bloß eine schlichte »Hausfrau« gewesen zu sein und sich der Esoterik und Literaturkritik zugewandt sowie Hörspiele für den Österreichischen Rundfunk verfasst. 1980 hat die Frau, deren Gedichte einst sogar Joseph Goebbels zu Tränen rührten, den Friedrich-Torberg-Preis für Hörspiel der Stadt Wien bekommen.

Wolfsberg heute ist eine schmucke Stadt, ausgestattet mit Fußgängerzone und Pestsäule, Schulen und Einkaufszentren, Golfplatz und dem alles überragenden Schloss der Grafen Henckel von Donnersmarck. Am regulierten Fluss Lavant stehen im Advent die Hütten vom stimmungsvollen Weihnachtsmarkt, während des restlichen Jahres trifft sich hier die Jugendszene, die wie überall auch eine Drogenszene geworden ist. In St. Stefan bei Wolfsberg hat die Dichterin Christine Lavant gelebt, in Wolfsberg ist sie 1973 gestorben. Ihren Lebensunterhalt hat sie viele Jahre lang mit Sockenstricken bestritten, dazu immer wieder unter Krankheiten und Depressionen gelitten, sich bereits als Zwanzigjährige nach einem Selbstmordversuch in die »Landes-Irrenanstalt« von Klagenfurt einweisen lassen zur »Arsenkur«. Heute ist die Lavant eine Ikone, aber zu Lebzeiten hat sie die Ablehnung ihres Andersseins sehr wohl gespürt: »Ich wage mich nahezu nicht aufs Postamt.«

Neben dem Fluss Lavant ragt der sogenannte »Judenstein« aus einem Tümpel, der an eine zutiefst antisemitische Legende aus dem 14. Jahrhundert erinnert und an blutige Pogrome, seit dem Jahr 2000 ist er mit einer Gedenktafel versehen, zum »Zeichen der Versöhnung mit jenem Volk, aus dem für uns Christen der Erlöser geboren wurde«. Als die Lavant noch in ihrem alten Bett geflossen ist, hat sich hier die Dichterin Ingrid Capra-Teuffenbach gerne mit der Dichterin Christine Lavant getroffen. Allseits bekannt war das Ritual der Freundinnen, sich wechselseitig bis zum Judenstein zu begleiten und wieder retour, bis die Müdigkeit ihnen Einhalt gebot. Christine Lavant hat als Verwalter für ihren Nachlass den Psychiater Otto Scrinzi bestellt. An Demonstrationen gegen Scrinzi hat die Verfasserin dieser Zeilen in ihrer Studentinnenzeit teilgenommen, wenn Primarius Scrinzi im Auditorium Maximum der Wiener Universität wieder einmal seine rechtsradikalen Thesen vortrug. Seit Jahren habe ich nicht mehr an seinen Namen gedacht, plötzlich vor einem vermoosten Stein ist alles wieder da, das Grüppchen Studenten, die lächerlich vielen Polizeiautos mit Blaulicht, das Pochen von Zorn in der Brust. Wie funktioniert das Gedächtnis? Wie das Vergessen und Verdrängen? Das habe ihn bei seiner Recherche ganz besonders interessiert, hat Christian Klösch im Wiener Café Bräunerhof gesagt.

Bleiburg soll die letzte Station meiner Reise durch die Kärntner Vergangenheit sein. Mit Freundin Inge fahre ich durch das sanft geschwungene Lavanttal mit seinen Kuppen voller Obstbäume, vorbei am Benediktinerstift St. Paul. 1930 hat das Stift eine Gutenbergbibel um zweihundertfünfzigtausend Dollar an die Library of Congress in Washington verkauft, um weiterbestehen zu können, und ist damit zur Zielscheibe der NS-Agitation geworden, weil es »deutsches Kulturgut« verschleudert habe. Heute ist St. Paul das kulturelle Zentrum der Region, veranstaltet Ausstellungen und Konzerte und führt eine der größten Privatschulen Österreichs. Um 1500 hat der heilkundige Gelehrte Paracelsus hier als Knabe Latein gebüffelt, ein halbes Jahrtausend später blickt man voll Stolz auf den bekanntesten lebenden Absolventen, den Schauspieler Peter Simonischek, Hansdampf in allen Gassen und gefeierter »Jedermann« am Salzburger Domplatz.

Nach St. Paul scheint die Landschaft erdiger zu werden und der Wald dunkler, vielleicht sind es aber auch nur die Wolken, die gegen Süden ziehen. »Türken« sagt man hier zum Mais, der raschelnd auf den Feldern steht, mit dem slowenischen Wort »Dobrowa« wird der Wald rund um Bleiburg benannt, in seiner Erzählung »Die Wiederholung« hat Peter Handke von der liebsten Freizeitbeschäftigung der Kärntner erzählt: »Im Wald, wo mir die Stellen vertraut waren, fand ich die ersten Pilze des Jahres, zuerst kleine, feste, in dem schottrigen Dobrawa-Boden fast weißfarbene Eierschwämme, dann die mir im Gehen, wo ich, der sonst Farbenunsichere, die Farben besser auseinanderhalten konnte, mit der Zeit immer zahlreicher entgegenleuchtenden Steinpilze …« Auch Freundin Inge hat ihre geheimen Plätze, deren Koordinaten sie hütet wie einen

Schatz, einmal hat sie mich mitgenommen in den Wald, aber dann mitten im Dickicht zurückgelassen, Schwammerlplätze werden offenbar erst testamentarisch preisgegeben.

Wir kommen durch Lavamünd, die alte Grenzstadt, und durch Neuhaus, Suha auf Slowenisch, wo sich der Industrielle Peter Liaunig, superreich geworden mit dem Sanieren von kränkelnden Betrieben, ein eigenes Privatmuseum mitten in die Landschaft gestellt hat. Wie ein riesiges Auge aus einem Science-Fiction-Film ragt der gläserne Anbau aus einem Hügel. Inge möchte mir unbedingt die Schlucht beim Ort Lippitzbach zeigen, aber die Straße ist stillgelegt worden und wir haben Mühe, eine Abfahrt zu finden. Die Gegend wird immer verwunschener, Boote schaukeln auf der Drau, die milchiggrün dahinfließt. Wir rumpeln über die Bohlen der alten Brücke, wie ein steinerner Regenbogen spannt sich die neue Brücke über den Fluss. Zu Beginn des 19. Jahrhunderts ist hier eines der größten Eisenwalzwerke des Landes gestanden, mit einer Dampfmaschine von sechzig Pferdestärken ausgestattet. Es gab eine Arbeiterpensionskasse und eine Schule für die Kinder der Werksangehörigen, fremde Schüler hatten vierzig Kreuzer im Monat zu bezahlen. Mit dem Niedergang der Eisenindustrie in Kärnten musste auch diese Anlage 1894 schließen. Die Straße durch den Lippitzbachgraben ist schaurig-schön, an manchen Kurven so steil, dass mir ganz bang wird, die nächtlichen Schlittenfahrten hier müssen abenteuerlich gewesen sein. In ihrer Kindheit hat der Vater mit dem alten Fiat manchmal sogar ein Stück zurückfahren und noch einmal Schwung holen müssen, um die Steigung zu bewältigen, erzählt Inge, und dass es sogar ein Kärntner Lied über den Lippitzbach gibt. Das ist entstanden, als sich zwei Freunde um die Mitte des 19. Jahrhunderts über die Drau hinweg zuriefen, natürlich im Dreiklang, wie es sich für Kärntner gehört, die Kellnerin vom nahen Gasthaus hat sich im Wechselakkord eingeklinkt. Schon bald ist aus der Improvisation ein Lied geworden, das sogar vom Wiener Männergesangsverein angestimmt wurde: »Lippitzbach, is ka Tal, is lei (nur) a Grab'n!«

Dann biegen wir aus dem Graben glücklich wieder auf die Bundesstraße und fahren weiter nach Bleiburg, vor lauter Reden und Mitschreiben vergesse ich völlig darauf, den Straßenrand im Visier zu behalten. Denn Bleiburg hat in den vergangenen Jahrzehnten eine Hauptrolle im sogenannten »Ortstafelkonflikt« gespielt, einer unendlichen Geschichte der österreichischen Innenpolitik. Im Juli 1972 ist unter dem damaligen Bundeskanzler Bruno Kreisky endlich das Gesetz über zweisprachige Ortstafeln verabschiedet worden, um dem im Staatsvertrag von 1955 zugesicherten Minderheitenschutz für Slowenen und Kroaten zu entsprechen. Im September sollten die ersten Tafeln in Kärnten aufgestellt werden, das hat zum berüchtigten »Ortstafelsturm« deutsch-national gesinnter Kärntner geführt, die Aktion musste gestoppt werden und konnte erst 1977 wieder neu gestartet werden. Seither gibt es Gezänk und Gezerre, auch die Minderheitenvertreter sind immer wieder uneins. 2006 hat der verstorbene Landeshauptmann Haider die Ortstafel von Bleiburg um wenige Meter verrückt, um so der Forderung nach der slowenischen Benennung Pliberk im wahrsten Wortsinn den Boden zu entziehen, eine Aktion wie im gesetzlosen Wilden Westen vor Scharen von Medienvertretern, aber nur wenigen einheimischen Zaungästen. »Die Menschen hier haben andere Sorgen«, sagt Michael Järni, der Kulturstadtrat von Bleiburg. Eine rückläufige Bevölkerungsentwicklung wie überall auf dem Land, die Geschäfte rund um den schönen alten Hauptplatz kämpfen ums Überleben. Der Herr Kulturstadtrat spricht lieber von der Zukunft, man plane ein Jugendgästehaus mit vorbildlicher Niedrigenergieversorgung, ein internationaler Autokonzern überlegt eine Niederlassung, vierhundert Arbeitsplätze würde das bringen, ein wahres Wunder für die Grenzregion. Dazu kann sich Bleiburg mit zwei Namen schmücken, die alljährlich Tausende Besucher anlocken, Werner Berg und Kiki Kogelnik.

In den dreißiger Jahren hat sich der Wuppertaler Werner Berg mit seiner Familie in Kärnten angesiedelt, auf dem »Rutarhof« hoch über der Drau, und hat hier sein Leben als Künstler und Bergbauer verbracht, in den ersten Jahren noch ohne Fließwasser und ohne Strom, fernab von jeglichem kitschigen »Holladrioh«, wie er schreibt. Auf dem Rutarhof ist Berg zum Chronisten der Bauern und Keuschler Unterkärntens geworden, hat sie gemalt bei der Feldarbeit und beim Kirchgang, beim Eisstockschießen und auf dem Jahrmarkt, in einem streng verknappten Stil, unverkennbar in Strich und Farbe. Spitze Gesichter und Kopftücher und Bergrücken, Ansichten von stillen Häusern in kaltblauer Nacht. »Werner Berg ist als deutscher Siedler gekommen, aber der slowenischen Kultur seiner Nachbarn erlegen«, beschreibt es Christian Klösch. Auch nach dem Krieg hat sich Berg immer auf die Seite der Minderheit gestellt, etwa in der Ortstafelfrage. 1981 ist er in seinem Atelier am Rutarhof gestorben, wohl auch erschöpft von einem Leben voller Kampf und Entbehrungen.

Sein Werk kann man im Werner-Berg-Museum auf dem Hauptplatz besichtigen, und dieses Museum wiederum geht auf eine Initiative des Lebzelters Gottfried Stöckl zurück. Ein schwieriger Mensch soll das gewesen sein, der die hohen Herren Stadtpolitiker ungerührt um Mitternacht aus dem Bett geklingelt hat, wenn ihm ein neues Projekt eingefallen ist. »Woanders wäre der Gottfried bestimmt Museumsdirektor geworden«, sinniert Kulturstadtrat Järni. In Bleiburg ist aus ihm ein kauziger Konditormeister und Lebzelter geworden, so typisch für dieses Land, dass mir richtig das Herz weh tut. Wir sitzen in der Konditorei Stöckl bei Mandelbögen und Kaffee, am Nebentisch hockt eine Runde alter Männer in gestrickten Wadelstutzen und Joppen und wartet, dass es Zeit fürs Mittagessen wird. In der Auslage der Konditorei Stöckl stehen statt bunter Torten Kerzen mit der Aufschrift »zum Gedenken«, an den Wänden hängt moderne Kunst zwischen Garderobenhaken und Grünpflanzen, das Arrangement könnte auch perfekt als Bühnenbild für eine Thomas-Bernhard-Aufführung herhalten. Von der Konditorei sind es nur ein paar Schritte bis zum Brunnen von Kiki Kogelnik, ebenfalls ein Projekt, das Gottfried Stöckl unermüdlich vorangetrieben hat.

Kiki Kogelnik, Österreichs berühmteste Vertreterin der Pop-Art, ist den umgekehrten Weg zu Werner Berg gegangen. Geboren und aufgewachsen in Bleiburg, hat es sie über Wien und London nach New York verschlagen, wo sie viele Jahre ihren Wohnsitz hatte. Berühmt geworden ist sie durch ihre Masken und Glasköpfe, durch die schablonenartig-schlottrigen Silhouetten aus glänzender Plastikfolie auf Kleiderbügeln, und ihre selbstwusst kessen Frauen mit Sonnenbrillen und Schiebermützen der achtziger Jahre. Aber sie ist immer wieder zurückgekehrt nach Bleiburg, hat sich in ihrem Elternhaus am Hauptplatz ein Atelier eingerichtet und Projekte für die Kärntner Landschaft erarbeitet. Am besten gefällt mir ihr Karner in Stein im Jauntal, wo man zum Andenken an die fromme Gräfin Hildegard einmal jährlich Striezel regnen lässt. Kiki Kogelnik hat das Gewölbe mit blauen Semmeln aus Keramik übersät und dicken Käfern, die über die weißen Mauern krabbeln, der lachende Tod könnte auch einem Comic entsprungen sein. Für den Brunnen von Bleiburg hat sie das Wappentier der Stadt in Bronze gegossen, einen geflügelten Stier, in die Federn der Flügel sind die Namen der Spender eingraviert, die das Projekt ermöglicht haben. Vom Brunnen abwärts zieht sich eine marmorne Wasserrinne über den Hauptplatz, als der Gottfried Stöckl gestorben und von seiner Lebzelterei hinaus zum Friedhof getragen worden ist, ist die Rinne voll roter Rosen gewesen, ein letzter Gruß der Stadt für ihren schrullig-kunstbeflissenen Konditormeister.

Mit Inge, die auch die Kusine der 1997 verstorbenen Kiki Kogelnik war, wandere ich hinaus zum »Brünnl«, wo man früher am Sonntag das besonders gute Wasser zum Kochen geholt hat, in der blechernen Milchkanne. Und die Inge erzählt von ihrer Kindheit in Bleiburg, vom berühmten Wiesenmarkt, der seit über sechshundert Jahren jeden Sommer stattfindet, einem urigen Spektakel mit Schießbuden und Jahrmarktszauber. Werner Berg hat sich hier Motive fürs ganze Jahr geholt und in seinen berühmten, schnell hingeworfenen Skizzen festgehalten. Eröffnet wird der Bleiburger Wiesenmarkt jeden August mit dem Umzug »G'schirr und G'scherr«, dann fliegen Zuckerln und Freikarten fürs Autodrom in die Menge, ja sogar Sitzschemel und Schneidbrettln aus Holz sind früher geworfen worden, von den Sägewerken aus der Umgebung, ich mag es kaum glauben. Über zwanzig Gasthäuser hat es im Ort gegeben und wenn ein runder Geburtstag gefeiert worden ist, dann hat es schon sein können, dass der Hauptplatz gesperrt worden ist und es Würstel mit Brot und Freibier für alle gegeben hat. So spazieren wir zurück und kommen am Friedhof vorbei, wo die Kiki begraben liegt. »Wegen vermehrten Kerzendiebstahls wird diese Stätte bewacht«, warnt ein Schild, gleich gegenüber hat die zweisprachige Kindergruppe »Zwerge – Palcki« ihr Quartier, ein bisschen Kinderlachen täte jetzt gut, aber es knirscht nur der Kies unter unseren Füßen. Hinter einem kniehohen schmiedeeisernen Gitterzaun liegen die Gruften der Familie Thurn-Valsassina, der Name von Reichsgraf Ariprand ist erst vor wenigen Jahren eingesetzt worden und funkelt golden im Nachmittagslicht. Noch 1950 hat ein Graf Thurn den Bleiburgern ihre Zigaretten verkauft, die örtliche Trafik hatte er als Entschädigung für seine Haft in Dachau erhalten. Die Gräber hier erzählen von Verfolgung und Ermordung durch die Nazis und Verschleppung durch die Partisanen. »Vermisst seit 1945« steht unter zwei Namen, das sind die Mutter und der Vater von Othmar Mory, dem Altbürgermeister von Bleiburg, der sich seit damals für Aussöhnung einsetzt. Eine alte Frau wässert gerade Blumen ein und zupft Blätter zurecht, mit ihrem Kopftuch sieht sie aus, als ob sie gleich wieder in einem Gemälde von Werner Berg verschwinden könnte. Ob sie sich noch an damals erinnern kann? »Das ist doch schon so lange her«, sagt die alte Frau, »all die schlimmen Sachen. Wissen Sie, irgendwann hat man in unserer Familie nur mehr die lustigen Geschichten weitererzählt.«

Klagenfurt

Ein falscher Knochen und ein düpierter Playboy. Und ein Adagietto im Wald

Ausnahmsweise muss ich den Fremdenverkehrsprospekten und ihren bunten Klischees recht geben: Diese Stadt besitzt einfach mediterranes Flair. Schon seit Stunden laufe ich durch die Gassen und kann mich nicht entscheiden, wo ich meinen Espresso trinken soll. Auf dem Alten Platz vielleicht mit seinen pastellfarbenen verschnörkelten Fassaden und den vielen kleinen Boutiquen und Cafés, vor denen sich die Jugend sonnt wie in Venedig? In einem der romantischen Arkadenhöfe, wo vorwitzige Spatzen auf Brezelkrümel lauern? Oder doch besser auf dem Neuen Platz mit seiner luftig renovierten Strenge, Palmen stehen wie abgezirkelt in ihren Töpfen, Pärchen schlendern Hand in Hand über die weitläufige Fläche. Schließlich siegt die Müdigkeit und ich lasse mich einfach in den nächstbesten Korbsessel fallen. Perfekt, rechts von mir der Lindwurm, links von mir am Nebentisch ein smarter Jungkärntner mit Gelhaar und spiegelnden italienischen Schuhen, fast so schön wie der junge Marcello Mastroianni, vor mir ein Aperolfrizzante, den trinken hier alle. Good life, here I come!

Kärntens Landeshauptstadt wirkt heimelig und einladend, hochragende Paläste der Hocharistokratie fehlen, die alten Häuser seien »für ein Stadtzentrum erstaunlich niedrig«, wie Dumonts Reiseführer treffend bemerkt. Durch einen Großbrand zu Beginn des 16. Jahrhunderts beinahe gänzlich eingeäschert, hat der regierende Kaiser Maximilian wenig Lust verspürt, den Wiederaufbau zu finanzieren und ist deshalb den Bitten der Kärntner Stände nachgekommen, ihnen die Stadt zu schenken – ein Vorgang ohne Beispiel in der deutschen Rechtsgeschichte. Durch diesen »Gabbrief« von 1518 haben allerdings auch die alteingesessenen Bürger ihre Privilegien verloren, von nun an durfte jedermann, wessen Standes oder Nation er auch sein mochte, sich in Klagenfurt niederlassen, hier »frei kaufen und verkaufen« oder ein Handwerk ausüben. Solch liberale Zugeständnisse waren in einer Zeit strengster Zunftordnungen unerhört, aber sie haben der mitgenommenen Stadt zu einer neuen Blüte verholfen. Handwerker, Händler, Ärzte und Juristen wanderten aus ganz Europa zu, aus München und Laibach, aus Budweis, Brandenburg und Breslau, aus Wien, Salzburg und Verona. Das Ackerbürgerstädtchen im Lindwurmsumpf war zu einem Treffpunkt der Nationen geworden, wie die Kärntner Autorin Trude Polley schreibt – und das im 16. Jahrhundert!

Apropos Lindwurm, den habe ich mir wirklich nicht so riesig vorgestellt. Wie das viel beschriebene Untier aus den Sagenbüchern meiner Kindheit hockt er mitten auf dem Neuen Platz und spuckt zum Glück bloß Wasser statt Feuer aus seinen gewaltigen Nüstern. In grauer Vorzeit hat sich sein Urahn in den Sümpfen rund um Klagenfurt getummelt und das Vieh der armen Bauern verspeist. Als ein riesiger Knochen gefunden wurde, galt seine Existenz praktisch als erwiesen, bis 1840 ein Grazer

Naturwissenschaftler den Schädelknochen einem simplen eiszeitlichen Wollnashorn zuordnete, das Gebein kann seither im Landesmuseum besichtigt werden. Allerdings war zu diesem Zeitpunkt der Lindwurm längst zum Wappentier erhoben, zwölf Tonnen wiegt das Standbild, das der Bildhauer Ulrich Vogelsang zu Beginn des 17. Jahrhunderts aus grauem Schiefer gemeißelt hat. Vor dem fertigen Drachen haben sich die Klagenfurter Bürger so gefürchtet, dass ihm wenig später noch ein Herkules mit Keule gegenübergestellt werden musste.

Ich bezahle meinen Frizzante und bummle weiter, am Lindwurm und am Brunnen von Kiki Kogelnik vorbei, einmal rund ums Rathaus. Lasse mich durch die Wiener Gasse schieben und die Kramergasse, die 1961 Österreichs erste Fußgängerzone war. Fünfzig Prozent Ermäßigung auf Eheringe, lockt ein Schild, das finde ich ziemlich komisch, eine Klagenfurterin lacht spontan mit, wir trennen uns in bestem Einvernehmen. Aber dann wird mir das Gedränge doch zu viel, ich biege ab und stehe vor der Pfarrkirche St. Egid, die ich sowieso aufsuchen wollte. Denn hier liegt der französisch-amerikanische Schriftsteller Julien Green zur letzten Ruhe gebettet, Autor von Romanen, Dramen und des längsten veröffentlichten Tagebuchs der literarischen Welt. Sein Buch »Die Sterne des Südens« habe ich im Reisegepäck, es erzählt vom Amerika des Bürgerkriegs, der mit dem Sieg der Nordstaaten endete. Seither pflegen die Veteranenverbände des Südens den Mythos vom »lost cause«, der verlorenen Sache, welch Parallele. »Was mir über die äußere Welt gesagt wird und was zu mir dringt, scheint mir vollkommen uninteressant.

Die Ereignisse sind im Innern«, lautet Greens letzte Tagebucheintragung vom 1. Juli 1998. Am 13. August 1998 ist Julien Green in Paris gestorben und auf seinen ausdrücklichen Wunsch hin nach Klagenfurt überführt worden. Schon bei seinem ersten Besuch 1990 hat sich der Weltbürger hier heimisch gefühlt: »Diese Stadt hat mich augenblicklich verführt … In dieser prekären und unsicheren Welt ist Klagenfurt für mich ein Hort des Glücks und des Friedens.« Kalt ist es im Kirchenschiff von St. Egid, ein Duft wie von Eukalyptus oder Kampfer hängt in der klammen Luft und über der Grabplatte, die in den steinernen Boden eingelassen ist. Welch tröstende Begegnungen und Erfahrungen Julien Green wohl zu dieser letzten Reise bewogen haben?

Draußen vor dem Portal senkt sich eine südliche Dämmerung über die Plätze und Gassen. Ich trödle an Weinbars vorbei, aus denen Lachen dringt, Kinder spielen Fangen, Damen mit Strohhut flanieren wie auf einer Piazza. »Refugees welcome« steht an eine Hausmauer gesprayt. Ob ich Grüße verschicken soll? Immerhin hat hier in Klagenfurt der Nationalökonom Emanuel Herrmann 1869 die »Correspondenz-Karte« ersonnen, schlichte weiße Karten ohne Briefumschlag, die rasch Verbreitung gefunden haben. Mit bunten Bildern zur Ansichtskarte veredelt, wird die Erfindung von Herrn Herrmann seither millionenfach versandt, um mit exotischen Reisezielen zu prunken, und auch ich erstehe ein halbes Dutzend Lindwürmer mit »Gruß vom Wörthersee«.

Am nächsten Morgen liegt Nebel über der Stadt wie früher über den Sümpfen, warm eingepackt mache ich mich zum Tourismusbüro auf. Nach Maiernigg zum Komponierhäuschen von Gustav Mahler wollen Sie, da müssen Sie am Heiligengeistplatz den »10er« nehmen! In Kärnten erzählt offenbar jeder Stein von Kultur, am Heiligengeistplatz hat die Malerin Maria Lassnig ihr Atelier gehabt, hat hier nach dem Krieg gemeinsam mit Arnulf Rainer die ersten österreichischen Ausstellungen für abstrakte Kunst organisiert und dafür Prügel angedroht bekommen. Bei der Verleihung des Kärntner Landespreises Jahre später hat sie ihre Kindheit »als verlachte Schülerin auf der Deppenbank« geschildert und mit ihren Worten wohl auch andere getröstet: »... dass man da, wo weder Mitschüler noch Eltern etwas von einem erwarteten, und man selbst nichts von sich und dem Ort hier erwartete, dass man gerade hier einen großen Preis bekommt.«

Freundlich grüßend steige ich am Heiligengeistplatz in den Bus ein, aber der Chauffeur hat noch nie von Maiernigg oder einem Herrn Mahler gehört, wir granteln uns dezent an. Dann ruckelt der 10er los, am Lendkanal entlang dem Wörthersee zu. Der Lendkanal sieht ein bisschen aus, als ob die Hamburger Alster um tausend Kilometer nach Süden verrutscht wäre, oder wenigstens ein Alsterarm. Prächtige Villen säumen sein Ufer, Hunde führen ihre Herrchen spazieren, eine Frau mit muskulösen Armen paddelt vorbei. Vier Kilometer lang ist diese verwunschen-schöne Wasserstraße, die die Stadt mit dem See verbindet, der sich plötzlich wie eine Bühne auftut, wenn der Vorhang aufgeht, nur Wasser, Berge, Boote und der Himmel darüber.

Vor allem im Juli und August ist der Wörthersee Treffpunkt der heimischen und internationalen

Schickeria, Ortsnamen wie Krumpendorf, Pörtschach oder Velden besitzen dann einen magischen Klang. Mit Serien à la »Ein Schloss am Wörthersee« ist der Boden aufbereitet worden, jetzt wird geerntet. Tagestouristen reisen mit dem Bus an, vergönnen sich einen Eisbecher und lauern vor dem Casino auf Prominente, die Prominenten tragen wagenradgroße Sonnenbrillen und hoffen, dass sie trotzdem erkannt werden. Das Personal der Hotels und Restaurants wird eigens darauf trainiert, all die Promi-Friseure und Staranwälte bereits im Profil zu erkennen, aber ein kleines Missgeschick kann immer wieder einmal vorkommen. Süffisant wird die Geschichte kolportiert, wie der renommierte Playboy Gunter Sachs im neu eröffneten Schlosshotel zu Velden von einem übereifrigen Portier abgewiesen wurde, obwohl er im Haus sogar eine eigene Suite besitzt. Deshalb ist es besser, man kauft sich gleich ein eigenes Anwesen, die Quadratmeterpreise haben sich bei günstigen zehntausend Euro eingependelt. Russische Oligarchen entdecken gerade den See, die großen deutschen Industriellenfamilien sind längst da und haben sich ihre Sommerresidenzen gebaut, die mehr neuzeitlichen Festungen ähneln und von finster dreinsehenden Bodyguards bewacht werden. Wie ein Heimatfilm aus der guten alten Zeit wirkt da die Erinnerung an Peter Alexander, der sich am Holzsteg vor seinem Ferienhaus sonnte, während draußen die Ausflugsboote vorbeituckerten und Fans aus Wien und Wuppertal ihre Fotos knipsten. Peter der Große ist schon vor Jahren vor dem Rummel geflohen, der auch normalsterblichen Anrainern immer mehr Probleme macht. Die Saison beginnt im

Mai mit dem alljährlichen Treffen der GTI-Fahrer, das Hunderttausende Möchtegernschumis anlockt, das Südufer gleicht dann einer Müllhalde und Abgasschwaden hängen über dem Wasser. Es folgen Beachvolleyballturniere und Charity-Galas, Body-Painting-Festivals und Weiße Nächte, das Publikum in den VIP-Bereichen ähnelt sich frappant, die Herren gehen zu oft ins Solarium, die Begleiterinnen haben immer einen Goldknopf zu viel an der pinkfarbenen Barbie-Jacke. »Geistiges Vakuum« schimpfen die Gegner all dieser Lustbarkeiten, auf zig Millionen Umsatz für die Region verweisen die Politiker. Erst im September kehrt Ruhe ein, die Karawane der Reichen und Schönen zieht weiter zu den Oasen mit den magisch klingenden Namen, in den Hotels werden Sonnenschirme und Livrees eingemottet bis zum nächsten Jahr. Und die Landschaft liegt wieder da so still wie eine Bühne, wenn alle Lichter ausgeknipst sind, die Wintersaison findet in Bad Kleinkirchheim, auf der Turracher Höhe und auf der Gerlitzen statt.

»Woher kommst du?«, reißt mich der Chauffeur aus meinen Reminiszenzen über den Wörthersee, mittlerweile bin ich wieder einmal der einzige Gast im Bus. »Aus Wien«, sage ich huldvoll. »Und Sie?« – »Aus Bosnia«, sagt der Chauffeur. Na gut, dann braucht er Mahler wirklich nicht zu kennen, höchstwahrscheinlich hat er andere Sorgen, wir winken uns zum Abschied freundlich zu. Beim Strandbad in Maria Loretto ist Endstation, ein menschenleerer Ort jetzt im September. Ich befrage meinen Stadtplan von Klagenfurt und Umgebung, aber die Wege sehen bloß aus wie verknäuelte Spaghetti. Also wandere ich entschlossen los durch die Uferauen, schwarze Krähen schreien auf den Ästen und flattern mit den Flügeln, meine Schritte rascheln im nassen Laub. Jogger und Radfahrer überholen mich, aber niemand mag stehen bleiben. Die Häuschen hinter den Zäunen scheinen alle verlassen zu sein. Tritt näher, dann lernst du mich kennen, steht unter dem liebevoll gemalten Schild von einem zähnefletschenden Schäferhund. Doch dann, endlich, eine Frau mit Einkaufskorb, ich stürze auf sie zu. Ob das der Weg nach Maiernigg ist? Zu Gustav Mahlers Komponierhäuschen? Die Frau im Trachtenjanker weicht einen Schritt zurück. Maiernigg, das liegt da hinten. Aber Mahler, wer soll denn das sein? Ein berühmter Jude, bin ich beinahe versucht zu antworten, aber dann verkneife ich es mir und sage bloß: »Ein berühmter Komponist!« Die Frau schüttelt den Kopf und geht rasch weiter, ich stapfe in die andere Richtung. Beim einzig offenen Restaurant weit und breit will die hilfsbereite Serviererin den Koch befragen, weil »der weiß einfach alles«. Der junge Mann kommt, macht eine knappe Verbeugung und deutet die Straße entlang: »In zehn Minuten links abbiegen in den Wald, dann immer bergauf. Sie können es gar nicht verfehlen.« Also keuche ich weiter, auf der Bundesstraße und durch den Wald, plötzlich kommt mir meine Idee total verrückt vor, was soll ich da, wäre ich doch nur in Klagenfurt geblieben im Café Sandwirth, bei Cappuccino und einer süßen »Lindwurmtatze«. Noch eine Biegung im einsamen Wald und noch eine, dann ist endlich das Häuschen erreicht, das sich Gustav Mahler hat errichten lassen im Sommer 1900.

Bereits 1897 war Mahler k. u. k. Hofoperndirektor in Wien geworden, eine immense Belastung, die kaum Zeit fürs Komponieren ließ, allein in der ersten Saison ist er mehr als hundert Mal am Dirigentenpult gestanden. Ein Refugium in der Stille tat not, wie es der »Ferienkomponist« bereits in Steinbach am Attersee besessen hatte. Nun sollte es der Wörthersee sein, wo eine Sommerresidenz nach seinen ganz persönlichen Vorstellungen entstand, dazu ein Häuschen im Wald, sein »study«, wie es der stolze Besitzer weltläufig nannte. »Das Haus selbst war nichts anderes als ein großes gemauertes Zimmer … darin stand ein Flügel und auf den Regalen ein vollständiger Goethe und Kant. Außerdem an Noten nur Bach«, wird es von Mahlers Frau Alma beschrieben.

Vorsichtig nähere ich mich dem Refugium des Meisters, so allein wie Schneewittchen, ein Zweig knackst unter meinen Füßen, hoffentlich hat es sich kein Bär für den Winterschlaf darin gemütlich gemacht. Aber dann ist es natürlich kein Bär, sondern der freundliche Pierre Philippe Velik, »Hüter des Mahlerhäuschens«, der mich empfängt. Pierre Philippe, was für ein wohltuender Name in einem Land, in dem man ständig über Odilos oder Giselhers oder Suitberts stolpert! Ob er sich nicht fürchtet, immer so ganz allein hier droben im Wald? Der bärtige Pierre Philippe lacht und zündet sich das erste Zigarettchen an, nein, im Gegenteil, im Sommer komme er kaum zum Verschnaufen, dann machen Mahler-Verehrer aus der ganzen Welt in Maiernigg Station, aus Indien und Amerika und sogar aus China kommen sie, regelrechte Pilgerreisende seien das. Die Originaleinrichtung mit Flügel und Büchern kann nicht mehr besichtigt werden, dafür alte Fotografien und Briefe an den Wänden und natürlich die Gästebücher, prall gefüllt mit den Huldigungen der internationalen Fangemeinde. Ob ich ein bisschen Mahler hören möchte beim Schmökern? Etwas Bestimmtes? Ich zucke ratlos mit den Achseln, meine Kenntnis von Mahlers Musik ist lückenhaft, höflich umschrieben, Pierre Philippe durchschaut mich mit einem Blick. Also etwas Leichtes zum Einhören, das Adagietto aus der Fünften Symphonie vielleicht? Mein Gastgeber legt eine CD ein und die berühmte Musik aus dem Film »Tod in Venedig« erklingt, gebannt stehen wir da, Pierre Philippe und ich und ganz bestimmt auch die Rehe draußen im Wald.

Mahler hat sein »study« geliebt, die Natur rundum hat ihn beflügelt, hier sind seine großen Instrumentalsymphonien entstanden, die Fünfte bis Siebente, dann die Achte sowie unzählige Lieder. Und der Wörthersee ist Zuflucht gewesen, wenn es mit dem Komponieren nicht weitergehen wollte. »Ich stieg in das Boot … beim ersten Ruderschlag fiel mir das Thema der Einleitung zum ersten Satze ein!«, beschreibt er einen solchen Moment der Inspiration. Am See hat sich der hochsensible und stets von körperlichen Unpässlichkeiten geplagte Mahler aber auch sportlich betätigt, ein Brief des Bühnenbildners Alfred Roller erzählt davon: »Sein Bad begann gewöhnlich mit einem mächtigen Kopfsprung. Dann schwamm er lange unter dem Wasser und weit draußen im See kam er erst wieder zum Vorschein, sich behaglich im Wasser wälzend wie eine Robbe.« Über Spaziergänge heißt es: »Seine Gangart hatte etwas Stürmisches, etwas ausgesprochen Triumphales. Zu schlendern vermochte Mahler überhaupt nicht.«

Wenn der Meister jedoch komponierte, dann hatte die Welt sich ruhig zu verhalten und möglichst nicht in Erscheinung zu treten. Die Köchin musste jeden Morgen das Frühstückstablett auf einem steilen Klettersteig hinauf in den Wald tragen, »weil er ihren und überhaupt niemandes Anblick vor der Arbeit ertrug«. Von sieben Uhr bis ein Uhr mittags arbeitete Mahler konzentriert. Seine junge Gattin saß währenddessen in der Villa am Seeufer und langweilte sich beinahe zu Tode: »Ich weiß nicht mehr, was ich tun soll … Ich habe alle meine Freunde verloren, und dafür einen gefunden, der mich nicht versteht!« Sogar die Nachbarn musste sie überreden, ihre Hunde einzusperren, um die klösterliche Ruhe nicht zu stören. Mahler hat seiner »liebsten Almschi« sehnsüchtige Musik gewidmet, aber ihre Gefühle nicht wirklich wahrgenommen. Nach der Geburt der zweiten Tochter bedrängte er Alma, die in Wien geblieben war, doch endlich an den Wörthersee nachzukommen, und schrieb rührende Briefe, in denen er von der Anschaffung eines Kinderbettes berichtete und von der Sandkiste, die er eigenhändig angelegt hatte: »Ich führe den Sand für Putzi von der Straße, wo er abgeladen ist, per Schubkarre auf den Platz vor dem See und streue ihn dort und glätte ihn.« Als die Familie allerdings eintraf, komponierte er gerade an den »Kindertotenliedern«, die junge Mutter fand das wohl zu Recht unsensibel und nur schwer erträglich: »Ich habe damals sofort gesagt: Um Gottes willen, du malst den Teufel an die Wand!« Mit dem Tod eines Kindes nimmt denn auch die Idylle in Maiernigg ein jähes Ende. Im Sommer 1907 stirbt Putzi, die geliebte ältere Tochter, an Diphterie. Bei seinen Krankenbesuchen stellt der Hausarzt der Familie, Medizinalrat Carl Blumenthal, bei Mahler erste Anzeichen eines Herzleidens fest und verbietet ihm fortan jede sportliche Betätigung. Mahler flüchtet geradezu aus Maiernigg und kehrt nie mehr zurück. Die Villa am See wird verkauft, heute wohnt eine Wiener Industriellenfamilie darin.

Das Adagietto ist verklungen, nur die Bäume vor den Fenstern rauschen und Zweige klatschen gegen die Scheiben. Wind ist aufgekommen, ich sollte wohl besser den langen Heimweg antreten. Rasch erstehe ich noch den Nachdruck eines Fotos, das Gustav Mahler dem Komponisten Thomas Koschat gewidmet hat, »mit collegialem Gruß«. Und stelle verblüfft fest, dass der junge Mahler fescher gewesen ist als alle braun gebrannten Wörthersee-Gigolos. Ich verabschiede mich von Pierre Philippe Velik und stapfe den Waldweg zurück, durch knietiefes Laub, wie ich es schon als Kind geliebt habe. Mahler wäre dazu bestimmt eine Melodie eingefallen, aber ich muss mich mit dem Rascheln begnügen.

Äpfel, Schnaps und Wein

Von einem Apfel namens Banane. Weinstöcken statt Schiliften. Und dem Großvater im falschen Sarg

Ich versuche mein Bestes, um mir die Enttäuschung nicht anmerken zu lassen. Dabei habe ich mich so gewissenhaft auf diesen Termin vorbereitet! Vorgestern hat mich der Anruf erreicht: »Sie können gerne kommen und beim Rotweinpressen dabei sein!« Sofort habe ich meine Zehennägel in leuchtendem Bordeauxrot lackiert, nach intensiver Überlegung, auch ein gedämpfter Burgunderton wäre natürlich in Frage gekommen. Dazu aufgekrempelte Jeans und ein Karohemd, sogar eine Barbourjacke habe ich mir ausgeborgt, genauso wie sie die Winzer in den Fernsehserien tragen. Und jetzt stehe ich da und alle Mühe war umsonst. Kein einziger Holzbottich, in dem die Trauben mit bloßen Füßen zerstampft werden, keine zerschrammten Butten und lehmverdreckten Gummistiefel und sonnengebleichten Strohhüte, sämtliche Accessoires fehlen, nur konzentriertes Arbeiten ist angesagt in einem blitzsauberen Raum, gegen den jeder OP-Saal romantisch wirkt.

In einem Plastikbottich schwappen zerquetschte Trauben wie dunkelrote Grütze, diese Maische wird in die Presse gleich daneben geschöpft, glucksend und gurgelnd rinnt der Saft in einen weiteren Plastikkanister. Dort wird er zwei Tage stehen gelassen, dann in den nächsten Tank gefüllt. Weinmachen scheint ein ständiges Umschöpfen und Umleeren zu sein, wenigstens erscheint es mir so. Und ein unendlich heikler Prozess, eine falsche Einschätzung kann die Qualität einer ganzen Ernte mindern. Wie viele Triebe am Stock müssen ausgebrochen werden, wie viele Trauben dürfen am Trieb bleiben? »Was man im Weingarten falsch macht, das kann man auch im Keller nicht mehr korrigieren«, sagt Herbert Gartner, der hier in St. Andrä im Lavanttal gemeinsam mit Sohn Erwin Zweigelt-Trauben presst. »2008 war ein schwieriges Jahr, zu viel Regen«, befindet der Vater, während der Sohn Kostproben in drei Gläser füllt. Die satte Farbe stammt aus der Haut der zerquetschten Trauben und nicht aus dem Saft, beginnt mein Intensivlehrgang in Weinbaukunde. Für Weißwein wird erst der Saft vergoren, für Rotwein hat man bereits die Maische einige Tage gären lassen, deshalb schmeckt auch der frisch gepresste Saft bereits moussierend säuerlich. Ich finde ihn einfach köstlich, Vater und Sohn fachsimpeln auf weitaus höherem Niveau: »Also, der gefällt mir schon ganz gut, der hat etwas Elegantes. Wie hoch ist eigentlich der Zuckergehalt, sechs Gramm würde ich sagen, miss doch mal nach!«

Die Gartners strahlen jene Zuversicht aus, die echte Pioniere auszeichnet. »Der Klimawandel ist unsere große Chance«, wagen Vater und Sohn eine kühne Prognose. Denn auch in Kärnten steht Skiliftbetreibern und anderen Vertretern der Tourismusbranche mittlerweile der kalte Schweiß auf der Stirn. Seit 1890 ist die durchschnittliche Wintertemperatur um zwei Grad angestiegen, Schneekanonen gelten als Schildbürgerinvestition, weil das Wasser kaum mehr gefrieren will. »Den meisten Hoteliers gehört doch die Hose überm Hintern nicht mehr, so verschuldet sind die. Man muss etwas Neues versuchen. In ein paar Jahrzehnten wird man hier sogar einen Merlot anbauen können.« Knapp vierzig Kärntner Familien und Betriebe sehen dies ähnlich und so wurden in den vergangenen Jahren zwanzig Hektar Land mit Weinstöcken bepflanzt, rund um St. Veit und Feldkirchen, im Lavanttal und im Wörtherseeraum. Im Vergleich mit französischen und kalifornischen Weingütern nehmen sich solche Dimensionen zwar aus wie Gärtlein, die jederzeit von Gullivers Stiefel zermalmt werden könnten, aber die Kärntner Zwerge keltern tapfer gegen die Konkurrenz an, im Jahr 2010 will man bereits mit hunderttausend Flaschen Qualitätswein den Markt überfluten. Die Palette reicht vom ambitionierten Miniwinzer mit siebzig Weinstöcken bis zu Kärntens erstem Vollerwerbswinzer Markus Gruze aus St. Georgen am Längsee, der als Radrennfahrer beim Trainingslager in Neuseeland entdeckt hat, dass Weinmachen lustiger ist als Sporteln. Mit Riesling und Weißburgunder und dem Goethe-Zitat »Das Leben ist zu kurz, um schlechten Wein zu trinken« wollen die Benediktinermönche von Stift St. Paul ihren »Vinum Paulinum« dem Bildungsbürgertum schmackhaft machen. Hilfreich ist ihnen allen das Sonne-und-See-Image des Landes. Kärnten verbindet der Gast einfach mit Süden, mit Lebensfreude und kulinarischen Genüssen. Die Bauern bieten Speckjausen und Salami an, Spargel frisch vom Hof, gefehlt hat wirklich nur noch der vergorene Rebensaft!

Dabei wurde Wein schon vor tausend Jahren im Lavanttal geschätzt, zunächst aus kultischen Gründen – keine Messe ohne Wein –, später als Prestigeobjekt. Ein Weingarten neben dem Schloss war einfach schick, die alten Gemälde bezeugen es. Auch wenn die Trendsetter des Mittelalters dann lieber den Roten aus Friaul getrunken haben statt heimischem Sauerampfer. Bis ins warme 16. Jahrhundert hat der Anbau eine regelrechte Blüte erlebt, ist dann zurückgegangen und im 19. Jahrhundert durch eine europaweite Reblausplage und die aus Amerika über Frankreich eingeschleppte Pilzkrankheit Falscher Mehltau vernichtet worden. 1972 hat Agraringenieur Herbert Gartner erstmals wieder Reben ausgepflanzt. Ein paar »Stifterln« von der Ernte drei Jahre später hütet er noch als sentimentale Erinnerung: »Das ist wie mit der blauen Mauritius. Die besitzt man, aber man verschickt sie nicht.«

Die Gartners, Senior und Junior, sind verschlungene Wege gegangen, ehe aus ihnen Winzer geworden sind. Herbert Gartner, der Vater, hat das berühmt-berüchtigte Internat Tanzenberg bei Klagenfurt besucht, wo Generationen der männlichen Elite des Landes ausgebildet worden sind. Tanzenberg ist für Buben aus Bauernfamilien oft die einzige Chance auf höhere Bildung gewesen, aber viele haben einen hohen Preis dafür bezahlt, wie vom Lesachtaler Schriftsteller Engelbert Obernosterer beschrieben: »Im Knabenseminar hatte man uns eingeredet, wir seien zum Höchsten berufen, was ein Mensch erreichen könne: zum Dienst an Gott. Aber so sehr ich in mich hineinhorchte, ich hörte nichts von dem Ruf.« Auch Peter Handke, Schüler in Tanzenberg, hat Jahre später von der Einsamkeit erzählt: »Das Internat war so sehr die Fremde gewesen, dass es von dort weg, ob nach Süden, Westen, Norden, Osten, nur eine Richtung gab: nachhause ... Auch die Wolken trieben da hin ... Fast alle Priesterzöglinge entstammten den Dörfern, und wer tatsächlich flüchtete, der wurde in seinem Dorfbereich, oder auf dem geradesten Weg dahin, unverzüglich aufgestöbert.« Die Schüler Obernosterer und Handke haben sich aufgelehnt, andere haben nicht diese Kraft aufgebracht und sind in ein Leben gedrängt worden, das nicht im Geringsten ihren Wünschen entsprach. Auch Herbert Gartner ist abgesprungen: »Ich habe geglaubt, meine Eltern werden tief enttäuscht sein. Doch dann hat sich herausgestellt, dass sie insgeheim todunglücklich über meinen Berufswunsch Priester waren. So ist alles gut ausgegangen.« Sein Pultnachbar in Tanzenberg ist Peter Handke gewesen, »wir haben Schlagertexte ins Lateinische übersetzt«, solch braves Tun ist damals schon als Schabernack angesehen worden. Herbert Gartner hat nach dem Internat eine Ausbildung für Obst- und Weinbau absolviert, anschließend jahrelang selbst unterrichtet. An seine ersten Vorträge kann er sich noch gut erinnern: »Ich bin vor lauter bärtigen Männern mit Trachtenhüten gestanden, die geglaubt haben, dass sie seit hundert Jahren alles besser wissen übers Mostpressen und Schnapsbrennen. Der Skilehrer war noch der Bravste, weil der hat die ganze Zeit geschlafen. Für eine Bewusstseinsänderung im bäuerlichen Raum braucht man mindestens drei Generationen, vorher tut sich da gar nichts.«

Deshalb machen die Gartners jetzt auch Wein nach eigenem Gutdünken, die Anbauflächen sind allerdings nur gepachtet. Wenn in zwanzig Jahren die Verträge auslaufen, dann haben sie hoffentlich genügend Kapital für eigenen Grund erwirtschaftet, ab drei Hektar ist eine Existenz als Winzer möglich. Allerdings werden die Flächen, die für Weinbau in Frage kommen, immer kleiner. Die besten Lagen sind längst zu Bauland umgewidmet, auf sonnigen Talhängen stehen Villen und Reihenhäuser. Ein kleiner Weinbauer, der in die Zukunft investieren will, kann bei diesen Preisen kaum mithalten. Außer er gehört zur Kategorie der Quereinsteiger, die sich hauptberuflich gerne als Schönheitschirurgen, Promizahnärzte oder Promianwälte betätigen. Als Herr Primarius besitzt man dann ein Gut für Einladungen und Feste, die Flaschen werden an die noble Klientel natürlich verschenkt statt verkauft, die harte Arbeit im Weingarten überlässt man anderen. Herbert Gartner beneidet solche Herrschaften trotzdem nicht: »Weinmachen ist ein zutiefst philosophisches Handwerk, spannend, schön, lustig, alles zusammen. Wenn man zehntausend Rebstöcke beschneidet, dann kann das richtig meditativ werden.«

Wir stehen in dem kahlen, kalten Raum, rundum gurgelt der rote Saft in Schläuchen, meine Schuhe sind durchtränkt von Wasser, aber ich finde jeden Handgriff aufregend, den Holzbottich zum Traubenstampfen vermisse ich schon längst nicht mehr. Und was wird jetzt mit dem vergorenen Saft geschehen, der in den riesigen Kanistern schwappt? »Der muss geschwefelt werden«, bekomme ich zur Antwort, vor lauter Schreck mache ich einen Schritt zurück, mitten in eine Pfütze hinein. Schwefeln?! Ja bin ich denn hier unter die »Pantscher« geraten?

Herbert Gartner freut sich diebisch über meine Ahnungslosigkeit. »Weinmachen heißt richtig Schwefeln«, werde ich belehrt, ohne das Konservierungsmittel Schwefel würde der beste Wein verderben und zu Essig werden wie im Mittelalter. Auch die viel beschriebenen Ziegenschläuche, in denen Wein aus Italien in die entlegenen römischen Provinzen geliefert wurde, haben am Bestimmungsort nur noch ein Essiggemisch enthalten. Das haben die tapferen Legionäre dann mit Wasser zu einem Getränk verdünnt, in dem sich wenigstens keine Kolibakterien befanden. Schwefel muss also sein, wird seit Kurzem sogar auf jeder Flasche vermerkt, um Allergiker zu warnen. Bei den Kärntner Weinmengen werden die Sulfitbeigaben sowieso mit der Apothekerwaage bemessen, Großwinzer aus der Wachau und dem Burgenland würden da wohl einen Lachkrampf bekommen. Aber sorgfältiges Arbeiten ist eine Grundvoraussetzung, Herbert Gartner kennt seine Winzerlehrlinge: »Die Frauen halten sich an Rezepte, die Männer improvisieren gerne. Da wird aus einer Messerspitze rasch ein Kaffeelöfferl, und dann wundern sie sich über das Resultat.« Nachbessern mit Hollundersaft oder süßen marokkanischen Weinen hilft dann auch nicht mehr weiter, seit den Weinskandalen der achtziger Jahre, als schwarze Schafe ihre Cuvées mit Frostschutzmitteln aufpeppten und eine ganze Branche in Verruf brachten, hat in Österreich eines der strengsten Gesetze weltweit die Branche bereinigt. »Ihr brauchts nur einmal einen ordentlichen Skandal, sag ich immer zu den deutschen Kollegen, wenn die sich über unsere Erfolge wundern.«

So stehe ich da mit dem Herbert Gartner und fachsimple wie eine alte Heurigenwirtin. Der junge Gartner misst derweil Säurewerte und Zuckergehalt und prüft und kostet. Entscheidungen sind zu treffen, welches Fass, wie lange, wann soll abgefüllt werden, schon im April oder doch erst im November? Weinmachen ist ein heikles Gemisch aus Wissen und Fingerspitzengefühl, aus Schmecken und Intuition. Jedes Detail ist wichtig, am Ende einer Saison ist man immer gescheiter und voller Zuversicht fürs nächste Jahr. Und dann ist alles ganz anders, das Wetter sowieso, die Stare kommen, eine Pilzkrankheit droht. Warum er sich das antun will, der Erwin Gartner? Ob er nie ans Umsatteln gedacht hat?

Der Junior lacht, umgesattelt hat er nämlich schon. Der Zweiunddreißigjährige ist studierter Germanist und hat fünf Jahre lang an der Wiener Nationalbibliothek den Nachlass von Ödön von Horváth bearbeitet. Dann ist aus dem Veneto die Anfrage für ein grenzüberschreitendes Weinbauprojekt gekommen, Vater und Sohn haben in zwei Wochen ein Konzept erarbeitet, der Sohn ist ebenfalls eingestiegen und mit Frau und zwei kleinen Söhnen übersiedelt, den Entschluss hat er nie bereut: »Ich hab mein Glück einfach beim Schopf gepackt!« Darauf lassen wir noch einmal die Gläser mit dem frisch gepressten Zweigeltsaft klingen, »Prost« darf man vor Martini am 11.11. nicht sagen, dann verabschiede ich mich von den Gartners und spaziere hinaus in einen prächtigen Septembertag.

Wie eine Landschaft im Indian Summer liegt das

Lavanttal da, mit himbeerrot und kürbisgelb verfärbten Laubbäumen unter einem zartblauen Himmel. Im Frühling blühen und duften eine halbe Million Obstbäume, im Sommer reifen die alten Sorten Maschanzkerapfel und die Birne Gute Luise, jetzt im Herbst biegen sich die Zweige der Bäume entlang der Straße unter ihrer saftigen Last. »Das Lavanttal versinkt in Äpfeln«, titelt das Lokalblatt, fünftausend Tonnen müssen verarbeitet werden, Traktoren mit voll beladenen Anhängern stauen sich vor den Lagerhäusern der Gemeinden, deren Stahltanks so riesig sind, dass die Hallen darüber errichtet werden müssen. Und auch ich möchte mich endlich einmal als Apfelpflückerin versuchen, im Garten von Freundin Inge in Wolfsberg angle ich rotbackige »Kronprinz Rudolf« vom Baum. Einen und noch einen, das macht richtig Spaß, ich fuchtle mit einem langen Stock mit Säckchen am Ende in der Baumkrone herum. Schwuppdiwupp, und noch einer, wieso hocke ich eigentlich ständig am Schreibtisch, kein Wunder, dass mein Rücken schmerzt, Obstbäuerin hätte man werden sollen, das ist gesund und lustig! Obwohl, jetzt pflücke ich bereits seit zwanzig Minuten und es ist noch nicht einmal die erste Kiste voll. Ganz schön anstrengend, dieses ewige Bücken, die untersten Äste sind abgepflückt, jetzt muss man sich schon strecken und recken. Nach einer weiteren Viertelstunde tun mir alle Knochen weh, der freundliche alte Herr vom Nachbargrundstück ruft aufmunternde Worte über den Zaun: »Do hängt no allweil gnua obn!« Allerdings, ich muss ihm recht geben. Ich lege eine kurze Pause bei Kaffee und Kuchen ein, leider lese ich erst jetzt den ganzen Artikel im

Lokalblatt: Zweiundzwanzig Cent haben die Bauern 2007 für einen Kilo Äpfel bekommen, innerhalb eines Jahres ist der Preis auf 4,5 Cent abgesackt. Wie bitte? Wie viele Kilo habe ich bisher geerntet, fünf bis sechs, kaum mehr, ich rechne und rechne nach, aber das würde ja bedeuten, dass ich mit einer Stunde Knochenarbeit nicht einmal einen Euro verdient habe! Vielleicht sollte man die saftigen »Kronprinz Rudolf« doch besser den Spatzen und Amseln überlassen, damit sie sich vor dem Winter noch einmal richtig sattfuttern können!

Die Kärntner Obstbauern können sich solchen Großmut allerdings nicht erlauben und müssen deshalb neue Wege der Vermarktung einschlagen. Im »Zogglhof« hat sich eine Gruppe von zwanzig Bauernfamilien zum sogenannten »Kompetenzzentrum« zusammengeschlossen. Das klingt bürokratisch, ist aber in Wirklichkeit ein urig-gemütlicher Hof aus dem 17. Jahrhundert, in dem ungarische Rösser untergebracht waren. 1995 ist er vom Verein »Mostbarkeiten« revitalisiert worden, Obmann Hans Köstinger hat mit Hab und Gut für die Umsetzung seiner Idee gehaftet. Heute dreht sich hier alles um das Streuobst des Tales, um Mostbirnen, Äpfel und natürlich um die »Lavanttaler Banane«, einen säuerlich-süßen Tafelapfel mit gelblichem Fruchtfleisch, der um 1870 als »Mother Apple« aus Massachusetts nach Kärnten gekommen ist und für die damaligen Gaumen nach fremdländischer Banane geschmeckt hat. Im »Zogglhof« werden daraus köstlich naturtrüber Apfelsaft, schicker Apfelfrizzante und Most gepresst, das traditionsreichste Getränk des Tales. Die erste Pressung ist früher der »Herrenmost« gewesen, die zweite Pressung war für das Gesinde bestimmt. So erzählt es Hans Dobernig, der fachkundig herumführt und voller Stolz die Schnapsbrenn- und Abfüllanlage präsentiert und die blitzenden Tanks, in denen Mostessig zu edlem Apfelbalsamico heranreift. Essig ist das neueste Produkt in der Palette, verfeinert mit exotischen Aromen wie Safran, Ingwer oder Met. »Wir können gar nicht so viel produzieren, wie die Gastronomie braucht.« Sympathischerweise geben die Apfelkommunarden ihr Wissen weiter, man kann Seminare über Essig- und Likörherstellung buchen und Kurse zum Schnapsbrennen. Oder gleich den ganzen Hof mieten, in der gepflasterten Halle haben schon denkwürdige Hochzeiten und Geburtstagsfeste stattgefunden. Der erste Stock bleibt dann verschlossen, denn dort hat man alte Gerätschaften des täglichen Lebens aus der Region zusammengetragen, die längst Kostbarkeiten geworden sind. Pressen mit Schwungrad und Apparaturen zum Pasteurisieren, gefinkelt ausgetüftelt von einfachen Bauern, die in einem anderen Leben wohl große Erfinder geworden wären. »Dumm waren die nicht«, sagt Herr Dobernig, ich kann ihm nur beipflichten. In einer Ecke prangt ein bunt bemalter Bienenstock, eigentlich eine Verschwendung, denn Bienen können nur schwarz-weiß sehen. Auf einem Tellerchen davor steht ein winzig kleiner Käfig. Darin sind früher Kärntner Bienenköniginnen bis nach Russland gereist, als dort noch die Zaren herrschten. Kärntner Bienenvölker galten als besonders stabil, aber der Geruch einer fremden Königin hätte die russischen Artgenossen wohl ziemlich aggressiv gestimmt. Also wurde die Kärntnerin mitsamt ihrem Käfig unter ihr neues Volk gestellt, nach vierzehn Tagen hatte man sich aneinander gewöhnt und das *Schubalan* konnte geöffnet werden. Andächtig bewundere ich das zierliche Gebilde auf meiner Handfläche, Mozart hätte dieser winzige Käfig einer Kärntner Bienenkönigin bestimmt gut gefallen, dieser Gedanke kommt mir ganz unvermutet in den Sinn. Aber Herr Dobernig steht schon beim nächsten Exponat, »Tupperware« aus dem 19. Jahrhundert, einem Holzbehälter, der zur Aufbewahrung von *Kletzen*, gedörrten Birnenschnitzen, diente. Im Mölltal ist bei der *Kletzen*-Aufbewahrung dereinst ein peinliches Missgeschick passiert. Dort ist nämlich auf einem Bergbauernhof der Großvater gestorben und konnte im strengen Winter nicht begraben werden, weil der Boden so tief gefroren war. Also wurde der Großvater in einer Holzkiste zwischengelagert bis zum Frühjahr. In der Kiste daneben sind die gedörrten Birnen gewesen, fürs Kletzenbrot und die Kletzennudeln. Als es getaut hat, sollte der Großvater endlich begraben werden, aber man hat die falsche Kiste erwischt und die Kletzen in die Grube gesenkt. Das Missgeschick ist aber rasch entdeckt worden, der Großvater hat ziemlich streng zu riechen begonnen und ist endlich zur letzten Ruhe gebettet worden, was aus den *Kletzen* geworden ist, darüber herrscht Unklarheit …

Nach solchen Geschichten scheint es an der Zeit, in der »Galerie« ein Stamperl Klaren zu verkosten. Dicht an dicht stehen die schlanken Flaschen, Himbeerbrand und Vogelbeere, Williamsbirne und bosnische Zwetschke, Apfel-Enzian und Schlehenbrand. Die Schnäpse haben ihren Preis, dafür kann man auch sicher sein, keinen Fusel zu erstehen, der mittels indischer Baumrinde auf Birnenaroma getrimmt wurde, ein beliebter Trick. Was darf's denn sein, fragt der freundliche Herr Dobernig. Die Wahl fällt mir leicht: »Einmal Lavanttaler Banane, bitte!« So stehen wir da und trinken unser Schnapserl auf den Großvater und die Bienenkönigin. Und still für mich proste ich noch den Frauen und Männern draußen im Tal zu, die gerade Äpfel von den Bäumen pflücken. Für 4,5 Cent pro Kilo.

Vom Lustig- und vom Traurigsein. Und vom Singen

Der Kärntner klumpt gerne zusammen. Allweil lustig, allweil fidel. Die Dirndln können »nit nein sagen«, darum hat's in Kärnten immer die höchste Rate an »ledigen« Müttern gegeben. Wenn drei Kärntner zusammenstehen, dann fangen sie zu singen an. Sogar die unbewältigte Vergangenheit mancher Politiker wurde zum Scherz: Sie seien eben wie ein Punschkrapferl, außen rot, innen braun, und ständig b'soffen. Nur selten wird die Anstrengung hinter dem Gutdraufsein sichtbar. »I lach halt, dann passt's«, sagt eine Supermarktkassiererin in Kötschach-Mauthen leise in meine Richtung, während uns ein Kunde mit derben Scherzen plagt.

Das leichtlebige Image gilt als Kärntner Markenzeichen, das vor allem in der kalten Jahreszeit weit über die Landesgrenzen hinaus exportiert wird. Denn dann findet der »Villacher Fasching« statt, der für die Republik lange Jahre ähnlich identitätsstiftend wirkte wie die »Schlacht von Cordoba«. Statt rheinische Karnevalssitzungen zu ertragen, besaß das Land nun endlich ein eigenes Prinzenpaar, Büttenredner und eine Damengarde, die synchron die Beine warf: »Lei Lei!« Seit 1963 flimmert das närrische Treiben aus der alten Handelsstadt an der Drau über die Bildschirme und ist zu seinen besten Zeiten ein Straßenfeger wie die Durbridge-Krimis mit Millionen Zuschauern gewesen. Die Villacher haben Politiker und Stars parodiert, manche sind selbst zum Star geworden. Wie Alexander Telesko, der ein Vierteljahrhundert als »Apotheker« auf der Bühne gestanden ist und auch privat im weißen Mantel zwischen Schüssler Salzen und Hunderten Mörsern eine Apotheke im Villacher Stadtteil Lind betreibt. Sein pharmazeutisches Fachwissen und das daraus resultierende Hantieren mit Reagenzgläsern und Pipetten hat ihm oft zu verblüfftem Staunen im Saal und vor den Bildschirmen verholfen, über einen Gag freut er sich bis heute: »Wie damals die EU-Sanktionen gegen Österreich verhängt worden sind, hab ich ein Glas mit schwarz-blau genommen und ›ins rechte Eck‹ gestellt: Abwarten, was jetzt passiert! Unten in der ersten Reihe sind der Landeshauptmann und die Vizekanzlerin gesessen und haben groß geschaut. Dann hab ich weitergeredet. Irgendwann hab ich wieder ein Glas genommen, aber in dem war jetzt rot-grün drin. Das waren rotes Heizöl und grüne Gurgellösung, daran hab ich lange getüftelt!« Noch immer bitten Fans um Autogramme, im Urlaub sogar auf die bloße Haut. Magister Telesko gewährt sie gerne, »denn ich bin auch privat auf der lustigen Seite zu Hause. Hier in Villach pflegen wir ja ein eher romanisches Lebensgefühl, in Klagenfurt ist man schon viel schwermütiger, auch wenn das nur vierzig Kilometer entfernt ist.«

Als »Sizilianer Österreichs« hat der Psychiater Erwin Ringel die Kärntner beschrieben, ihnen eine eigene Fortsetzung zu seinem berühmtesten Buch »Die österreichische Seele« gewidmet. Zum »pathologischen Heimatbegriff« neige sie, die depressiv-sentimentale Kärntner Seele, »zur Verherrlichung des Nationalen«. Zerrissen ist sie ganz bestimmt, ein Flickwerk von Kulturen, die man heimlich liebt und offiziell verabscheut, himmelhoch jauchzend und oft zu Tode betrübt, weil das Verdrängen so viel Kraft kostet. »Wenn man unsere Lieder hört, dann versteht man auch die Selbstmordraten. Das Wehmütige, Traurige, das kommt alles aus dem Slawischen. Bei uns in Kärnten bringen sich die Leut' ja um wie die Fliegen«, diagnostiziert Chorleiter Bernhard Sturm ungerührt. Im Brotberuf ist er Polizeijurist, nach Dienstschluss werkt Magister Sturm mit Leidenschaft als Obmann der »Singgemeinschaft der Kärntner in Wien«, einem der sieben Ensembles, die in der Bundeshauptstadt gegen das Heimweh ansingen. Knapp achtzigtausend »Auslandskärntner« leben an der Donau und müssen sich immer wieder mit Missverständnissen herumplagen: »Was wir schon alles mitgemacht haben! Früher ist es kaum möglich gewesen, im braunen Kärntneranzug durch die Stadt zu gehen, ohne angepöbelt zu werden. Das hat sich aber zum Glück wieder beruhigt.« Wahrscheinlich provozieren solche Anfeindungen jenes Gemeinschaftsgefühl, gegen das die Illuminati und Freimaurerlogen zu losem Netzwerk verblassen. Ganz besonders, wenn man sich zur kultischen Handlung des Singens zusammenfindet und Lieder anstimmt, die wie in Moll klingen, auch wenn sie in Dur gesungen werden. Kärntner Lieder eben.

Bernhard Sturm hat mich zu einer Chorprobe eingeladen, an einem unwirtlich nasskalten Abend stemme ich mich in der Wiener Schottenfeldgasse gegen Regen und Wind. Schnapsidee, wer wird bei so einem Wetter schon kommen, nach einem anstrengenden Tag im Büro, bloß um traurige Lieder zu singen. Im Haus Nummer 29 ist es auch nicht gemütlicher, Neonlicht erhellt die Gänge, ich biege um eine Ecke – und stehe vor einem Saal, in dem es summt wie in einem Bienenstock. Männer im Trachtenanzug und junge Frauen mit gepiercten Nasenflügeln singen sich warm, mittendrin bemüht sich der Herr Chorleiter um Disziplin und gruppiert die Sopran- und Altstimmen wie ein Feldherr: »Frieda, do her. Petra, sitz umma!« Nachzügler singen schon beim Hereinkommen, dann ist die Runde für heute komplett, sechsundzwanzig Menschen sitzen da, während der Regen gegen die Fenster peitscht. Sicherheitshalber habe ich mich in Türnähe niedergelassen, wer weiß, ob ich nicht nach einer halben Stunde das Weite suchen will, Kärntner Lieder gelten als gewöhnungsbedürftig. Bernhard Sturm teilt die Texte für das erste Lied aus, »Das Jahr is lei a Wind«, auch der Gast erhält ein Blatt: »Es waht die Stund, es fliagt die Zeit. Da nutzt ka Gier, da hilft ka Geiz. Da Wind, der blast di aus!« Na, das kann ja heiter werden …

Dann fangen die sechsundzwanzig im Raum an zu singen, und ich sitze plötzlich da, eingehüllt in Wohlklang wie in eine warme Decke. Beim Kärntner Lied ist eine Nuance dabei, »die hat mit der Stimme gar nix zu tun«, das habe ich bereits aufgeschnappt. Ursprünglich nur für Männer bestimmt, für Tenor, Bass und jene Stimme, die als »Windische Quint« für die unverwechselbare Atmosphäre sorgt, klingt es auch auf modernen Tonträgern wie das Nachklingen einer archaischen Zeit. Ernst und konzentriert singen die Menschen rund um mich, ihre Stimmen erinnern an die Gregorianischen Choräle, mit denen Mönche gerade die internationalen Hitparaden stürmen, ins Bierzelt passen solche Lieder jedenfalls nicht. »Na, na, so geht des net«, stört der unerbittliche Chorleiter die andächtige Stimmung. »Sooo langsam braucht man des wirklich net singen.« Also noch einmal von vorne, dann wird das nächste Lied in Angriff genommen. Den 4/4-Taktwechsel bitte einringeln bei Takt 5, in Takt 7 ist eine Viertelpause im 3/4-Takt, in Takt 8 wieder eine 4/4-Pause. Ich verstehe nur Bahnhof, alle anderen nicken verständig. Dann singen sie wieder, vom Herbst und vom »gelben Liacht«, die Schottenfeldgasse vor den Fenstern scheint wie weggeschwemmt vom Regen, dafür sind die Berge ganz nah. Das letzte Lied wird angestimmt, »Da Summa is umma«, traurig, schwermütig, gruselig schön, sogar der strenge Bernhard Sturm ist beinahe zufrieden: »A bisserl a Hund is noch drinnen, aber es wird schon. Wer bei der Singerei am Sonntag dabei sein will, der soll sich das Blatt behalten.« Denn Chorproben sind nur ein kleiner Teil der Zeit, die aufgewendet werden muss. Schönheitschirurgen und Werbeagenturchefs lassen sich gerne ein Ständchen bringen, die Singgemeinschaft veredelt Taufen, runde Geburtstage und Silberhochzeiten, »nur bei Scheidungen singen wir noch nicht«. Trost spendet man auch, wenn es zum Äußersten kommt und »ein Kärntner in fremder Erde begraben werden muss«. Dafür wird ohne zu murren die Freizeit geopfert, am kommenden Sonntag etwa ist der Chor um neun Uhr zu einer evangelischen Kirche bestellt. »Mit Tracht?« – »Nein, ohne.« Ein paar jüngere Mitglieder schauen ziemlich erleichtert drein.

Dann sind die zweieinhalb Stunden auch schon vorbei, Stühle werden gerückt und Zigaretten angezündet. Ob ich nicht Lust hätte, beim nächsten Mal mitzusingen? Das will ich dem Chor nicht antun, die Jauntalerin Sonja ist fassungslos: »Also, das kann ich mir gar nicht vorstellen – dass man nicht singen will.« Ihre Nachbarin findet meine Zurückhaltung eher lobenswert: »Es klingt sowieso furchtbar, wenn Nichtkärntner Kärntner Lieder singen wollen. Die sind so mit dem Text beschäftigt, dass sie ganz aufs Zusammenpassen vergessen.« Sie selbst hat schon bei bekannten Wiener Chören mitgemacht, »aber dort heißt es immer nur: lauter, lauter. Hier habe ich zum ersten Mal etwas ganz anderes gehört: Leiser, leiser, hört's aufeinander. Als Kärntnerin bekommt man da eine Gänsehaut.«

Beeindruckt gehe ich nach Hause. Aber in Kärnten hat eben selbst eine so harmlos scheinende Betätigung wie das Singen dunkle Seiten. Das »klagenfurter ensemble« hat erst jüngst das Stück »Sing mit« erarbeitet, »ein Theaterprojekt, das tief eindringt in das Herz der Finsternis, bis uns die Reime und die Harmonien um die Ohren fliegen«. Noch vor wenigen Jahren hat es Liederabende gegeben, bei denen flehentliche Strophen rund ums *Karntnaland* intoniert wurden: »Das soll geknechtet schmachten jetzt in ewger Sklaverei. Drum bitt di, Herrgott, mach uns von die Tschuschn frei.« Jedes Tal gehört zu einem »Sängergau«, einmal jährlich trifft man sich zum »Gausingen«, alte Traditionen, aber die Wörter schmerzen dennoch heftig. Andererseits pflegen immer mehr Chöre auch die slowenischen Lieder, mit Deutschtümelei sind die Jungen nicht zum Singen zu verlocken. Nach einem Auftritt in den USA hat Bernhard Sturm sogar ein Kompliment bekommen, das manchen aufrechten Landsmann auf der Stelle hinweggerafft hätte: »Ihr singt so fantastisch, euer Chorleiter kann kein Weißer sein!«

Vom Kärntner-Lied-Virus infiziert, beschließe ich, auf meiner nächsten Reise einen Abstecher ins Katschtal zu Hans Pleschberger zu machen, sein Name wird mir immer wieder voller Respekt genannt. Ihm sei es zu verdanken, dass viele alte Lieder nicht in Vergessenheit geraten sind. Jahrelang ist er zu den entlegensten Höfen gewandert, hat die Bauern zum Singen animiert, das Gehörte aufgezeichnet und in Liedform gesetzt. Musikalische Feldforschung par excellence, klingt wirklich interessant!

Ins Katschtal gelangt man über Spittal an der Drau, nur einen Spaziergang weit vom Millstätter See entfernt. Urlaubsstimmung liegt über der Stadt, die Straße vom Bahnhof zum Schlosspark könnte genauso gut zum Mittelmeer führen mit ihren Kiosken und Straßencafés. Entstanden ist die Ansiedlung einst rund um ein »Spittl«, eine mittelalterliche Herberge für Kaufleute, Pilger und Bettler, die 1191 zum ersten Mal erwähnt ist. Mittelpunkt von Spittal ist Schloss Porcia, das auch gut nach Dubrovnik oder Florenz passen würde. Der Arkadenhof im Renaissancestil ist atemberaubend, wie von Gödel, Escher, Bach inspiriert winden sich die Treppen hinauf in luftige Höhen und bieten dem Auge des Betrachters keinen Halt. Die elegante Architektur ist eine perfekte Kulisse für sommerliche Theateraufführungen, gerade wird mit Hämmern und Gepolter eine

Bühne aufgebaut. Wie spricht man eigentlich den Schlossnamen korrekt aus, frage ich einen der Arbeiter, ich habe schon die unterschiedlichsten Formen gehört. »Mir sagn Portscha, aber der Herr Graf will, dass man Por-zi-a sagt!« Aha, danke für die Auskunft, wir gestatten uns ein kleines Räuspern, von Untertan zu Untertanin sozusagen. Im Schlosspark stehen uralte Platanen, »Tiffany, do kumm her«, ruft eine Mutter ihr Kind, und auch das hat eine sehr spezielle Melodie.

Dann geht es weiter nach Rennweg im Katschtal, natürlich mit dem Autobus, entlang jener Route, auf der vor Hunderten Jahren das Salz von Venedig nach Salzburg transportiert worden ist. In Gmünd will der freundliche Chauffeur den Gast aus Wien unbedingt zum Aussteigen bewegen. Die kleine Stadt hat sich ihren mittelalterlichen Charakter bewahren können, für Bausünden hat es einfach nie genug Geld gegeben. Heute leben Künstler aus dem In- und Ausland in den engen Gassen, schweißen, modellieren und malen in Ateliers, die noch vor wenigen Jahren Schweineställe gewesen sind, das »Künstlerstadtl« ist dafür sogar mit dem »Europäischen Dorferneuerungspreis« ausgezeichnet worden. Aber ich habe schon so viel zum Thema Kunst für dieses Buch gesammelt, eigensinnig bleibe ich im Bus sitzen, der hilfsbereite Chauffeur schaut ein bisschen beleidigt drein.

In Rennweg steige ich aus, das verabredete Gasthaus hat ausgerechnet am Mittwoch Ruhetag, still und wie verlassen liegt der Ort da, eine unheimliche Eigenschaft, die typisch für das Landleben zu sein scheint, nur im ersten Stock gegenüber bewegt sich eine Gardine. Dann kommt der Hans Pleschberger angebraust, schaut aus wie ein braun gebrannter Turnprofessor, dabei hat er früher Musik und Geschichte unterrichtet am Gymnasium in Spittal an der Drau. Schnell entschlossen fahren wir weiter zu seiner *Muatta*, aber die ist nicht zu Hause, also setzen wir uns aufs Bankerl vor dem liebevoll blumengeschmückten Holzhaus, Bienen summen, die Luft riecht nach Heu und Kräutern, die Idylle ist perfekt. Seit dreißig Jahren sammelt Hans Pleschberger Kärntner Lieder, bei Regen und Schnee ist er zu den Höfen gestapft und hat geduldig gewartet, bis ein einsilbiger Bauer die Scheu verloren hat. »Die gleich mit dem Singen anfangen, die haben keinen großen Schatz. Aber bei manchen bin ich immer wieder gekommen, ganz hartnäckig, einer hat mir dann dreißig uralte Balladen am Stück vorgesungen.« Gleich hinterm Katschberg, im Salzburgischen drüben, werden die Lieder viel lustiger, aber in Kärnten sind nun mal verhaltene Freude und Melancholie vorherrschend, das war schon immer so und hat bestimmt mit den slawisch-alpenländischen Wurzeln zu tun. Und mit dem harten Leben auf den steilen Wiesen, wo noch mit Steigeisen das Gras gemäht wird, wo die Lawinen niedergehen und man viel zu oft ein Kind begraben musste, das den Winter nicht überlebt hat. So hat er auch besonders viele Lieder beim Totenwachen gehört, dann wird nicht selten gesungen bis zur Morgendämmerung, Almlieder für eine Sennerin oder Knappenlieder für einen Bergmann. »Wenn i amal stirb, dann müssts für mi singen bis um drei in der Früh«, hat sich ein Nachbar gewünscht, die Bitte ist ihm selbstverständlich erfüllt worden. Aber auch im melancholischen Kärnten gibt's zum Glück das berühmte »Wirtshaussingen«, das immer noch ein »Manderisches Singen« ist, Frauenquote hin oder her. Dann wird von Wilderern und *Jagern* gejuchzt und nach genügend Schnapserln auch Deftiges angestimmt, »aber keine Zoten«, wie der Herr Professor betont. Auf die Uhr schaut dann meist keiner, komm Hans, sing uns noch ans, rufen die Gäste, während zu Hause der Sonntagsbraten im Rohr verbrutzelt. Vorsicht ist allerdings geboten, wenn es etwa bei einem Hochzeitsschmaus ein deftiges Gstanzlsingen gibt, dann fliegen die Strophen nur so hin und her, sind oft ganz schön direkt und fast beleidigend, jeder will der Schlagfertigste beim Improvisieren sein, so manche denkwürdige Wirtshausrauferei ist schon auf diesem Umweg entstanden. Heutzutage verhindert viel zu oft neumodische Architektur das gemeinsame Singen, statt einem Tisch mit Bänken rundherum gibt es lauter abgeschlossene Nischen, die ein mögliches Quintett in fünf einsame Schwerenöter vereinzeln.

Männer singen am Stammtisch, Frauen beim Arbeiten, beim Melken und Heumachen und »Kinderlocken«, was nichts anderes als Babysitten ist. Dann sind viele Strophen in einschläferndem Singsang gefragt, die auch den ausdauerndsten Schreihals besänftigen. Lieder waren durchaus als Vorbereitung fürs spätere Leben zu verstehen, als »gesungene Alltagsphilosophie«, die von Generation zu Generation weitergegeben wurde. Aber die alten Stücke werden verdrängt, »und die neuen sind oft nur ein sentimentaler Schmarrn. Heute will jeder Chorleiter ein eigenes Lied komponieren und einen großen Hit schreiben, so entsteht dann der ganze Kommerz.« Immerhin gibt es fast siebenhundert Sangesvereinigungen im Land, vom Quartett bis zum großen A-cappella-Chor, die Konkurrenz ist beträchtlich. Trotzdem ist Hans Pleschberger um die Zukunft nicht bang. Seinen Schülerinnen und Schülern in der Oberstufe hat er gerne die »Ballade vom Graf und der Magd« vorgespielt, eine Erzählung voll versteckter Anspielungen auf erstes Liebesleid, die Reaktionen darauf haben einander stets geähnelt: »Was soll der Scheiß?« Dann haben sie aber doch zugehört, vor allem die Mädchen, und sogar eigene Strophen entwickelt. Voller Stolz erzählt das der Herr Professor, der selber fast vierhundert Lieder im Kopf abrufen kann wie eine Jukebox, immer wieder springt er neben mir auf beim Erzählen, »ich kann den Text nicht sagen, ich muss ihn einfach singen«.

Eine alte Frau kommt langsam um die Hausecke, auf einen Stock gestützt, mit geblümter Schürze, und lächelt mich an. »Komm, setz di her zu uns«, sagt der Sohn, »erzähl ein bisserl was.« Dreiundneunzig Jahre ist sie alt, die Frau Pleschberger, und kann noch immer alle Zutaten für die Weihnachtskekse im Kopf ausrechnen, bis vor einem Jahr hat sie selber die Geißen im Stall gemolken, jetzt wird das Bücken langsam beschwerlich. Als junges Dirndl hat sie so gern getanzt, vorher hat man sich im Fensterglas bewundert, Spiegel hat es ja keinen gegeben. Schön war's, auch wenn heute vieles besser ist, sogar für eine alte Bäuerin gibt es eine kleine Rente und die Kinder sterben nicht mehr so leicht. Und glücklich ist sie gewesen mit ihrem Mann, der war Briefträger und hat das erste Harmonium für den Hans in Raten abbezahlt. Wie sie ihren Mann kennengelernt hat? »Beim Beten zum Zwölferläuten, da hat er mich gesehen. ›Die passt für mi‹, hat er gesagt.« So einfach war das, ehrfürchtig starre ich die alte Frau neben mir am Bankerl an, was die Frau Pleschberger wohl zu »Speeddating« sagen würde?

Dann heißt es Abschied nehmen, der letzte Bus hinunter nach Spittal geht noch vor Sonnenuntergang, wer dann kein eigenes Auto hat, der sitzt fest mitten in der Idylle. Über Gmünd fahre ich zurück, an fast allen Haltestellen stehen blutjunge Katschtaler Gangstarapper mit tief hängenden Jeans und gepiercten Augenbrauen und vibrierenden Stöpseln im Ohr, grüßen beim Einsteigen lässig den Chauffeur und schlängeln sich zu den hintersten Sitzreihen durch, ich würde ihnen gerne zulächeln, aber dann lasse ich es wohlweislich bleiben. Irgendwann werden die Mädchen einen Buggy schieben und die Burschen bei der Feuerwehr mitmachen, aber noch steht ihnen das Fernweh ins Gesicht geschrieben, in diesem Alter muss das Landleben einfach die Hölle sein.

Immer wieder habe ich auf meinen Reisen durch Kärnten Menschen getroffen, die noch nie ihr Tal verlassen, noch nie auch nur die Landeshauptstadt Klagenfurt gesehen haben. Zurück in Wien treffe ich einen Kärntner, der so weit weggegangen ist, wie es ihm nur irgendwie möglich war. Wolfgang Waldner ist in Dellach im Gailtal aufgewachsen, als Sohn eines Gendarmen, »meine Großmutter ist Magd gewesen und hat noch den Kaiser Franz Joseph in seiner Kutsche durchs Tal fahren gesehen«. Mit zehn

Jahren kommt er ins Internat, als erster Gymnasiast im Ort, der Volksschuldirektor chauffiert ihn höchstpersönlich zur Aufnahmsprüfung, weil nur zwei Mal am Tag ein Postautobus zwischen Dellach und Lienz verkehrt. Die Jahre im Konvikt vermag er heute als »Überlebenstraining« zu deuten, denn immer hat ihn das Wissen getröstet, dass die Enge überwindbar ist: »Hinter den Bergen liegt Italien und dahinter die ganze Welt, das war mir schon als Kind bewusst. Mit vierzehn bin ich das erste Mal ausgerissen.« Zu einer anderen Zeit wäre so einer vielleicht Matrose geworden, Wolfgang Waldner hat nach der Schule nur einen Wunsch: »Ich will etwas studieren, das mich ins Ausland führen wird.« Er entscheidet sich für Jus und jobbt nebenbei als Fremdenführer, »damals habe ich zum ersten Mal bewusst Kärntner Slowenen getroffen, den Kontakt und ihre Freundschaft gesucht«. Waldner wird Diplomat und macht eine Zusatzausbildung für Kulturmanagement, als noch keiner so recht wusste, was das sein soll. Solcher Wagemut hat sich bezahlt gemacht, Waldner war Kulturattaché an der österreichischen Botschaft in Washington und hat elf Jahre lang das Österreichische Kulturinstitut in New York geleitet. 1999 ist er nach Wien zurückgekehrt, um das neu entstandene Museumsquartier zu managen, seither sitzt er in seinem Büro mit dem wahrscheinlich schönsten Ausblick der ganzen Stadt, direkt auf das Kunsthistorische und das Naturhistorische Museum mit dem Denkmal von Maria Theresia in der Mitte. An den Wochenenden fährt er »irrsinnig gern« nach Kärnten, das er schon längst nicht mehr bloß als Rand der Welt begreift: »Tektonisch gesehen ist das ja eine der wichtigsten Schnittstellen unseres Planeten, vor Millionen von Jahren ist auf der einen Seite vom Lesachtal Europa und auf der anderen Seite Afrika gelegen.« In der Nähe seines Geburtsorts Dellach gibt es ein uraltes Germanengrab, römische Goldminen und Reste von keltischen Siedlungen, hier sind die Ströme der Völkerwanderung durchgezogen und hat die Vermischung der Kulturkreise wie in einem Schmelztiegel stattgefunden. Irgendwann sollte man als Kärntner einfach zu der Einsicht kommen: »Es fließt gemischtes Blut in meinen Adern. Und das kann nur eine Bereicherung sein.« Auf seinem iPod hat er Kärntner Lieder eingespeichert, zwischen Songs von seinen Lieblingskomponisten Bob Dylan, Arlo und Woodie Guthrie. Das melancholische »Auf da Mölltalleiten« findet er besonders schön, und natürlich die heimliche Hymne des Landes, das Lied »Valossn, valossn« von Thomas Koschat, das der Arnoldsteiner Grenzlandchor berühmt gemacht hat und das besonders gerne auf Prominentenbegräbnissen gesungen wird. Wenn die Zeilen »valossn, valossn, valossn bin i, wia a Stan auf der Stroßn, ka Diandle mog mi« erklingen, dann muss Waldner immer an einen der größten Hits von Bob Dylan denken: »How does it feel, to be without a home, like a Rolling Stone«. »Obwohl«, sagt der Herr Museumsdirektor mit einem Zwinkern, »ich glaube nicht, dass Dylan abgeschrieben hat.«